COLLECTION SAINT-MICHEL

ACTES

DE LA

CAPTIVITÉ ET DE LA MORT

DES RR. PP.

P. OLIVAINT, L. DUCOUDRAY, J. CAUBERT,
A. CLERC, A. DE BENGY,

DE LA COMPAGNIE DE JÉSUS

PAR

Le P. Armand DE PONLEVOY

DE LA MÊME COMPAGNIE

Ibant gaudentes

CINQUIÈME ÉDITION

PARIS

TÉQUI, LIBRAIRE-ÉDITEUR

Bibliothécaire de l'œuvre St-Michel

6, rue de Mézières, 6

1872

COLLECTION SAINT-MICHEL

ACTES

DE LA

CAPTIVITÉ ET DE LA MORT

DES RR. PP.

P. OLIVAINT, L. DUCOUDRAY, J. CAUBERT,
A. CLERC, A. DE BENGY,

DE LA COMPAGNIE DE JÉSUS

PAR

Le P. Armand DE PONLEVOY

DE LA MÊME COMPAGNIE

Ibant gaudentes

CINQUIÈME ÉDITION

PARIS

G. TÉQUI, LIBRAIRE-ÉDITEUR

Bibliothécaire de l'œuvre St-Michel

6, rue de Mézières, 6

1872

ABBEVILLE

Imp. Briez, C. Paillart et Retaux.

ACTES

DE

LA CAPTIVITÉ ET DE LA MORT

DES PÈRES

Pierre OLIVAINT, Léon DUCOUDRAY,

Jean CAUBERT, Alexis CLERC

Anatole de BENGY,

Prêtres de la Compagnie de Jésus

———

J'ose mettre en tête de ce recueil le titre consacré dans la langue de l'Église ; il sera, je crois, assez justifié par le sujet et par le genre de mon modeste travail. En effet, dans les pages qui vont suivre, il n'y a rien de moi, ni le fond, ni même la forme ; j'ai seulement recueilli, classé et enfin édité. Les documents, ce sont des relations et des correspondances : d'une part, des témoins, providentiellement échappés de la Conciergerie, de Mazas et même de la Roquette, nous ont raconté ce qu'ils ont vu ; de l'autre, nos chers captifs, aujourd'hui glorieusement libérés, se sont comme

1

révélés eux-mêmes, du fond de leur cachot, ils ne pouvaient plus nous parler, mais ils pouvaient encore nous écrire, tantôt à découvert sous l'œil des geôliers, tantôt en cachette, à travers tous les verroux. Ces lettres, si simples, si sereines, m'ont paru un testament digne de nos martyrs.

Qu'on ne s'étonne pas si je ne m'occupe que de mes frères. Ce n'est point prétention de ma part; c'est simple discrétion. D'autres, nous l'espérons, feront pour les leurs ce que je fais ici pour les miens : *Fratres meos quæro.*

Mais avant de raconter les derniers combats de nos chers compagnons, je crois devoir donner au moins le sommaire et les principales dates de leur vie.

Le P. Pierre OLIVAINT naquit à Paris le 22 février 1816. Après de brillantes études au collége Charlemagne, il passa trois ans à l'École normale, et obtint les degrés de licencié ès lettres et d'agrégé d'histoire. Il enseigna seulement deux ans dans l'Université, d'abord au lycée de Grenoble, puis au collége Bourbon, à Paris. Pendant les quatre années suivantes il dirigea l'éducation du plus jeune fils de M. le duc de Larochefoucauld-Liancourt.

En 1845, il fut reçu dans notre Compagnie par le R. P. Rubillon, alors provincial, et fit ses deux ans de noviciat, partie à Laval, partie à Vannes.

Envoyé au collége de Brugelette pour y enseigner l'histoire, il prononça ses premiers vœux le 3 mai 1847 et fut rappelé à Laval, où il étudia la théologie pendant quatre ans.

De 1852 à 1856, il fut attaché au collége de Vaugirard comme professeur, directeur et prédicateur des élèves et enfin comme préfet des études.

Après sa troisième année de probation, faite à Notre-Dame de Liesse en 1856, il fut nommé recteur du Collége de Vaugirard, où il prononça ses vœux de profès, le 15 août 1857.

En 1865, il devint supérieur de notre maison, rue de Sèvres, et conserva ce poste jusqu'à sa mort.

Le P. Léon DUCOUDRAY, né à Laval le 6 mai 1827, commença ses études dans sa famille, les continua au petit séminaire de Paris, que dirigeait alors Mgr Dupanloup, et les termina au collége de Château-Gontier.

Aussitôt après son cours de droit, qu'il poursuivit jusqu'au doctorat inclusivement, il fut admis dans la Compagnie par le R. P. Studer, provincial, le 2 octobre 1852, fit son noviciat à Angers et y prononça ses premiers vœux en 1854.

Il fut ensuite appliqué pendant trois ans à l'étude de la philosophie à Laval, puis attaché en qualité de sous-préfet des études à l'école Sainte-Geneviève, à Paris.

A partir de 1861, il étudia pendant quatre ans la théologie à Lyon, et immédiatement après fit sa troisième année de probation à Laon.

Il fut nommé recteur de l'école Sainte-Geneviève le 25 août 1866 ; après quatre ans, ce titre lui a coûté la vie.

Il avait prononcé ses derniers vœux de profès le 2 février 1870.

Le P. Alexis CLERC était né à Paris le 11 décembre 1819 ; élève du collége Henri IV, puis de l'École polytechnique, il embrassa la carrière de la marine, où il servit pendant treize ans.

Il était lieutenant de vaisseau, quand il se présenta au R. P. Studer, provincia., le 28 août 1854.

Après son noviciat fait à Saint-Acheul, il prononça ses premiers vœux, le 8 septembre 1856, dans la chapelle de cette maison.

Une seule année lui fut donnée pour repasser sa philosophie à Vaugirard. Puis pendant cinq ans de suite, il fut employé comme professeur à l'école Sainte-Geneviève.

En 1861 il alla suivre à Laval pendant quatre ans le cours de théologie. Il fut alors appelé de nouveau, comme directeur de congrégation et professeur, à Sainte-Geneviève.

En 1870, il fit à Laon sa troisième année de probation.

Enfin, après avoir bien mérité au service de notre grande ambulance du collège de Vaugirard pendant le siége de Paris, il fit ses vœux de profès le 19 mars 1871, dans la chapelle de l'école Sainte-Geneviève. Il allait bientôt les signer de son sang.

Le P. Jean CAUBERT naquit à Paris le 20 juillet 1811. Après avoir parcouru toutes ses classes avec distinction au collège Louis-le-Grand, fait son droit et trois ans de stage, il exerça pendant sept ans l'office d'avocat au barreau de Paris.

Admis dans la Compagnie par le R. P. Rubillon, provincial, le 10 juillet 1845, il fit son noviciat à Saint-Acheul et prononça ses premiers vœux à Brugelette le 31 juillet 1847.

Il consacra ensuite une année à repasser la philosophie et trois autres à étudier la théologie.

A partir de cette époque, il fut constamment employé dans diverses maisons comme ministre, procureur et confesseur : au grand séminaire de Blois trois ans, à l'école Sainte-Geneviève sept ans, à la maison de la rue de Sèvres dix ans.

Il avait fait sa troisième année de probation à Notre-Dame de Liesse en 1853 et ses derniers vœux, le 15 août 1855, dans la chapelle Sainte-Geneviève. Humble et modeste dans sa vie, il a été magnanime dans sa mort.

Le P. Anatole de BENGY naquit à Bourges le 19 septembre 1824. Élève pendant neuf ans de notre collége de Brugelette, et reçu dans la Compagnie à Rome par le T.-R. Père Général, Jean Roothaan, de sainte mémoire, il commença son noviciat à Saint-André du Quirinal et le finit à Issenheim dans le Haut-Rhin.

Envoyé à Brugelette, il y prononça ses premiers vœux le 13 novembre 1847. Après une année consacrée à repasser sa réthorique, il resta encore trois ans dans ce même collége, tantôt professeur, tantôt surveillant.

En 1851, il commença son cours de théologie à Laval ; il fit en 1855 sa troisième année de probation à Notre-Dame de Liesse et ses derniers vœux à Vannes le 2 février 1858.

Employé pendant six ans, à divers titres, dans plusieurs de nos colléges, il vaquait depuis 1863 au saint ministère dans nos résidences.

En 1856, avec plusieurs de ses frères, il avait

fait partie de l'expédition de Crimée, en qualité d'aumônier.

Enfin il avait sollicité et obtenu la même faveur en 1870, et durant le siége de Paris, il se voua au service des ambulances volantes dans la banlieue. Soldat lui-même, n'a-t-il pas mérité la fin des braves ?

LES PRÉLIMINAIRES.

Avant et pendant tous nos désastres de 1870, les signes avant-coureurs n'avaient point manqué à la catastrophe de 1871, et l'on peut dire qu'elle était pressentie, comme elle était préparée depuis longtemps. Quoi qu'il en soit, il est dans nos traditions de ne pas reculer devant la peur et de céder seulement à la force. En conséquence, et en dépit de tous les pronostics menaçants, il fut résolu, aussitôt après la conclusion de l'armistice, d'activer les préparatifs pour rouvrir dans le plus bref délai l'école Sainte-Geneviève et le collége de Vaugirard. Pendant toute la durée du siége de Paris, et même dès le commencement de la guerre avec la Prusse, ces deux établissements avaient été spontanément offerts à l'Intendance militaire et transformés en ambulances permanentes, où des centaines de malades et de blessés avaient été entretenus et soignés; toutes les économies des deux maisons avaient passé dans cette bonne œuvre, chrétienne et patriotique. Il fallait maintenant en toute hâte assainir le local et remettre à neuf une bonne partie du mobilier.

La rentrée du collége de Vaugirard fut fixée au 9 du mois de mars, et au jour indiqué, près de deux cents élèves avaient déjà répondu à l'appel. Eh bien! c'est à cette seule circonstance, fort accidentelle, ce semble, qu'est due la préservation de toute la maison. En effet, la révolution, de jour en jour plus menaçante, ayant enfin éclaté le 18 mars, le P. recteur, encore plus soucieux pour les enfants que pour les Pères, se hâta de faire partir tout son monde, maîtres et élèves, pour la campagne du collége, située aux Moulineaux, entre Issy et Meudon. Mais bientôt une nouvelle translation, encore plus précipitée, devint nécessaire. Le dimanche des Rameaux, 2 avril, les hostilités s'ouvrent entre Versailles et Paris; les Moulineaux, placés précisément dans la zone étroite qui sépare les lignes belligérantes, se trouvent pris entre deux feux; toute la famille, une seconde fois fugitive, se replie d'abord sur Versailles et se retire enfin à Saint-Germain-en-Laye. Le collége de Vaugirard, resté désert, fut envahi, occupé, pillé au milieu des plus ignobles orgies; mais là du moins, si l'on trouva quelque chose à voler, on ne trouva personne à prendre.

A l'école Sainte-Geneviève il avait fallu plus de temps pour réparer les avaries du siége, et les élèves n'avaient pu être convoqués que pour le 21 mars. Or, l'insurrection survenue dans l'intervalle nécessita de nouveaux retards; un contre-ordre fut donc immédiatement expédié dans toutes les directions, et les familles furent averties d'attendre un autre avis. Cependant le P. Ducoudray fit partir sans retard quatre de nos Pères ; l'un pour essayer de négocier un emprunt en Angleterre ou en Belgique, afin de faire face aux extrêmes nécessités du moment; les trois autres pour chercher partout en province un abri sûr pour son école exilée. Aucune de ces démarches n'ayant abouti, on dut se rattacher à un dernier parti d'une exécution plus facile et moins coûteuse, et les élèves furent définitivement rappelés pour le 12 avril à la maison de campagne de l'école, située à Athis - Mons, sur le chemin de fer d'Orléans, à 20 kilomètres de Paris. Toute la communauté, le ministre en tête, s'y établit sur-le-champ ; le P. recteur resta lui-même encore un peu à Paris, pour présider à la dernière opération du déménagement. Le 3 avril, il devait rejoindre les siens, quand Dieu l'arrêta et la Commune aussi.

A la rue de Sèvres, on avait pris également toutes les mesures que la prudence semblait suggérer, laissant le surplus à la Providence. Ainsi d'abord il avait paru bon de ne conserver à Paris qu'un petit nombre des nôtres, les hommes à la fois nécessaires et volontaires. Quelques-uns furent donc envoyés en province, les autres restèrent dispersés dans l'ingrate capitale.

Quant à moi, le 20 mars au soir, je dus quitter la rue de Sèvres avec le petit personnel et matériel administratif, pour aller habiter dans un quartier plus tranquille, à l'abri d'une charité dévouée. C'est dans cet asile, que le P. Olivaint, le 26 mars, vint me trouver ; il insista pour obtenir mon départ de Paris déjà presque assiégé : encore un peu, les communications allaient être coupées ; les chemins de fer ne prenaient plus de bagages, et bientôt sans doute ne prendraient plus même de voyageurs. Pouvions-nous prévoir que cette entrevue serait la dernière ? Et c'était lui qui s'exposait, se perdait même, en voulant me sauver ! Le 28 mars, avant de partir, je me rendis encore une fois, à travers les barricades, les canons et la foule armée, à l'école Sainte-Geneviève. Je vis, pour ne plus le revoir, le P. Ducoudray ; et nous arrétions ensemble des mesures qui devaient rester sans objet.

Ce jour-là même, j'allai me fixer, pour un temps bien indéterminé, dans notre maison de Versailles, à distance et cependant à proximité ; assez loin pour avoir les communications libres avec la province, et assez près pour les avoir faciles et rapides avec Paris. Tous les jours en effet, et souvent plusieurs fois par jour, à travers le fer et le feu, nous recevions des messages ou des messagers. C'est là que nous avons attendu le dénouement, ballottés du commencement jusqu'à la fin entre la crainte et l'espérance. Et cependant, je recueillais d'avance tous les documents contenus dans ce recueil, avec je ne sais quel pressentiment que je conservais des reliques.

Après toutes ces séparations successives, le P. Olivaint n'avait plus près de lui, à la rue de

Sèvres, que le P. Alexis Lefebvre, qui devait
désarmer même les bourreaux, et quelques frères
coadjuteurs, dévoués et à l'épreuve de la peur.
Un tout jeune Frère, Jean Rethoré, qui se mou-
rait, épuisé au service de notre ambulance de la
rue de Sèvres, avait été transporté à temps chez les
bons Frères de Saint-Jean-de-Dieu, rue Oudinot.

Quant à notre résidence de Saint-Joseph des
Allemands, rue Lafayette, elle allait rester sauve,
protégée sur la terre comme dans le ciel. D'abord
une bonne partie de la communauté, d'origine
allemande, avait dû quitter la France, au début
même de la guerre avec l'Allemagne. De plus,
la maison se trouva naturellement placée sous le
protectorat du ministre des États-Unis, chargé
par la Prusse de veiller aux intérêts de ses nationaux à Paris. Enfin la modeste mission avait la
réputation méritée d'être fort pauvre ; c'était là
un médiocre appât pour les limiers de la Commune.

Tel était, au moment fatal, l'état des personnes
et des choses dans nos diverses maisons de Paris.
Certes nul ne pouvait encore deviner quelles
étaient, dans le nombre, les victimes prédestinées.
En vérité il y a ici tout un mystère et c'est le
cas de répéter l'exclamation de l'apôtre : *O alti-
tudo* ! Ainsi, d'une part, d'après nos calculs et nos
mesures, ceux qui ont été réellement élus pour le
sacrifice ne devaient pas y être appelés ; car à
l'heure même de leur arrestation, ils devaient se
trouver hors d'atteinte. D'autre part, ce n'est ni la

préparation de cœur, ni même l'occasion qui ont fait défaut à ceux qui survivent. Par exemple, un de ces derniers me demandait la permission de demeurer à Paris, au service des âmes en détresse et en péril : « Bien que porté à rester à mon poste, m'écrivait-il le 16 avril, je sacrifierai tout à un de vos désirs, mais il me semble que je suis un peu utile..... Puis je trouve si doux de m'abandonner entre les mains adorables de Notre-Seigneur! Ne voir que lui, n'avoir que lui, ne dépendre que de lui, ne se confier qu'en lui, mais c'est le ciel anti-cipé. J'ai au fond du cœur un *alleluia* qui résonne continuellement; car il serait bien déplorable que des événements extérieurs, quels qu'ils puissent être, nous fissent perdre la grâce du temps pascal. C'est une magnifique occasion d'acquérir la joie spirituelle, vertu si importante pour marcher à grands pas dans la voie qui conduit à Jésus, notre amour : et les honnêtes gens de la Commune me paraissent des instruments visiblement choisis pour nous la faire acquérir. Donc, que votre cœur si tendre n'ait pour moi aucune inquiétude ; je suis bercé doucement par Notre-Seigneur et je ne désire rien autre chose. »

Un autre, le 14 avril, me remerciait en ces termes d'avoir été maintenu à Paris : « Je ne saurais jamais assez vous dire combien je suis reconnaissant de la bonté que vous avez de me laisser ici le dernier. J'aurai peut-être à souffrir, j'aurai peut-être le bonheur de mourir pour le nom de Jésus, et par conséquent d'aller au ciel, de le ravir en quelque sorte, sans avoir jamais rien fait de bon pour le mériter. Que je vous remercie, mon Père ! Soyez bien sûr pourtant que je ne veux pas faire d'imprudence. Bénissez-moi et priez pour moi ; et si le bon Dieu m'accordait la grâce de mourir en quelque sorte martyr, dans la Compagnie, comme je le lui ai demandé tous les jours depuis plus de trente-cinq ans, soyez bien content, je ne cesserai de prier pour vous au ciel que je vous devrai. Je n'ose dire que j'en ai le pressentiment, mais j'en ai le plus grand désir. »

Mais il est écrit dans le saint Évangile : *Unus assumetur et alter relinquetur.* L'un sera pris et l'autre laissé. Que le Seigneur en soit deux fois béni !

LES ARRESTATIONS.

La Semaine sainte venait de s'ouvrir ; c'était bien une heure propice pour entrer dans le chemin de la croix.

Le premier coup porta sur l'école Sainte-Geneviève. Dès le lundi saint, 3 avril, le P. Ducoudray m'écrit : « Aux grandes épreuves de la situation, le bon Dieu ajoute l'épreuve plus intime. Le P. de Poulpiquet a rendu ce matin son âme à Dieu. Hier matin, il semblait n'y avoir encore aucun danger prochain. Hier soir, vers six heures, la situation devenait beaucoup plus alarmante. J'ai administré le bon Père cette nuit à trois heures et demie et je lui ai appliqué l'indulgence de la bonne mort. J'ai reçu son dernier soupir à huit heures et quart. Ce bon Père est allé au ciel, récompense de sa vie si édifiante. C'est une grande perte pour notre maison.

« Voici de nouveaux embarras, un décret rendu ce matin par la Commune : Confiscation des meubles et immeubles appartenant aux congrégations religieuses. J'ai déterminé avec les PP. Bil-

lot et de Guilhermy comment il fallait répondre à
la visite qui peut nous venir à tout instant. A la
garde de Dieu ! »

Cette mort inopinée du P. de Poulpiquet retint
le P. Ducoudray à Paris, un jour de plus, hélas!
un jour de trop. Elle y ramena même plusieurs de
nos Pères, déjà transférés à Athis, pour assister
aux obsèques qui devaient avoir lieu le lendemain,
4 avril. Tous allaient y rester dans des conditions
qu'ils n'avaient point prévues.

Dans la nuit du lundi au mardi saint, 4 avril,
entre minuit et une heure, l'école est tout à coup
cernée par un bataillon de gardes nationaux, tous
armés jusqu'aux dents. La rue Lhomond, la rue
d'Ulm, le passage des Vignes, le chantier au fond
du jardin, tout est gardé. On frappe à coups redoublés à la porte du n° 18. Le Frère portier se
lève aussitôt et vient dire que les clefs sont, selon
l'usage, déposées dans la chambre du P. recteur,
mais qu'il va les chercher pour ouvrir. Sur cette
réponse, pourtant assez simple et convenable,
l'impatience est déjà de la fureur; le clairon, en
guise de sommation, retentit trois fois à de rapides
intervalles; une décharge générale sur toutes les
fenêtres de la rue Lhomond jette l'alarme dans le
quartier; on menace d'aller chercher, à quelques
pas de là, des canons et des mitrailleuses en bat-
terie sur la place du Panthéon. Enfin les portes
s'ouvrent, le P. recteur se présente et, avec un
calme parfait, veut faire quelques observations
au nom du droit commun et de la liberté indivi-

duelle. Mais l'heure en était bien passée ! Le commandant, le revolver à la main, signifie, pour
toute réponse, au P. Ducoudray qu'il le constitue
prisonnier et qu'il occupe la maison, afin d'en-
lever les armes et les munitions qu'elle recèle.
Là, comme ailleurs, au fond on en voulait surtout
à la caisse. « Ce qu'il nous faut, avait dit un
membre de la Commune, c'est de l'argent. » Mais
en vérité, surtout, après les dépenses du siége, on
devait être bien mal venu.

Cependant tout le monde était sur pied dans la
maison : on allait et venait un peu au hasard, et
chacun suivant son instinct. Mais avant tout, un
prêtre courait à une chapelle intérieure où, par
précaution, on avait retiré le Saint-Sacrement,
et se hâtait de le soustraire aux profanations.

Les envoyés de la Commune étaient en nombre
et en force pour procéder à plusieurs opérations
à la fois. D'abord un poste fut établi dans la cour
d'entrée, et des factionnaires furent distribués
dans les corridors et les cours, à toutes les issues,
et enfin le long des murs autour du jardin. On mit
aussitôt la main sur tous les nôtres qu'on put ren-
contrer, Pères et Frères, et même sur les domestiques de l'école. A mesure qu'on les arrêtait, on
les amenait au poste dans la cour d'entrée et là
on les faisait asseoir. Ce ne fut qu'au bout de deux
longues heures, qu'on leur permit d'entrer dans
les petits parloirs qui ouvrent sur la cour, afin d'y
attendre qu'on eût statué sur leur sort.

En même temps on visitait, on fouillait toute la

maison. Le P. recteur lui-même eut à conduire partout le commandant avec son escorte. La perquisition fut très-longue et fort minutieuse, sans le résultat attendu, ou au moins désiré : comme de raison on ne trouva point ce qu'on cherchait ; point d'armes et bien peu d'argent. Du reste, le P. Ducoudray, sans se démentir un seul instant, répondait avec tant de sang-froid, de dignité et de politesse, que les gardiens étonnés se disaient : « Quel homme ! et quelle énergie de caractère ! » Enfin, après trois pénibles heures, on le ramena lui-même dans la cour ; mais dès ce premier moment, on le sépara de ses frères, et on le mit à part dans un petit vestibule de la chapelle, en face des parloirs.

Il est presque superflu d'ajouter que le pillage de la maison commença presque immédiatement, accéléré et complété le lendemain et les jours suivants par des bandes de femmes et d'enfants. Par un bonheur tout providentiel, la bibliothèque et le cabinet de physique furent, seuls, à peu près respectés.

A cinq heures du matin, le clairon sonne le rappel ; c'est le signal du défilé et du départ pour la Préfecture de police. Les prisonniers sont rangés entre deux haies de gardes nationaux ; le P. recteur en tête, à une petite distance de tous les autres, derrière lui les PP. Ferdinand Billot, Émile Chauveau, Alexis Clerc, Anatole de Bengy, Jean Bellanger, Théodore de Régnon et Jean Tanguy, les FF. Benoît Darras, Gabriel Dédébat, René Piton, Pierre Le Falher et sept domestiques.

A la hauteur du pont Saint-Michel, vers l'entrée de la Cité, le P. Ducoudray se retourne et d'un air radieux dit au P. Chauveau qui se trouvait plus près de lui : « Eh bien ! *Ibant gaudentes* [1], n'est-ce pas ? » — « Que vous a-t-il dit ? » demandent à ce dernier les gardes inquiets. Celui-ci répète la phrase suspecte. Dieu sait ce qu'ils pouvaient y comprendre !

En arrivant à la Préfecture de police, les clairons sonnent aux champs pour annoncer le succès de l'expédition et la riche capture qu'on a faite. Les prisonniers ont à traverser des groupes nombreux de gardes nationaux, au milieu des risées, des huées générales. A leur entrée, un chef de bataillon, nommé Garreau, jeune encore et d'une figure assez douce, les accueille par ces paroles qui ne l'étaient guère : « Pourquoi donc m'amenez-vous ces coquins-là ? Que ne les avez-vous fusillés sur place ? » — « Doucement ! répartit un garde national, il faut procéder avec calme, autrement vous pourriez y passer avant les autres. »

On entre alors dans le cabinet de ce même chef de bataillon, lequel, le revolver à la main, demanda d'abord le Directeur.

Le P. Ducoudray avance et répond : « Me voici.

« — Vous avez des armes dans votre maison, je le sais.

[1] *Ibant gaudentes... quoniam digni habiti sunt pro nomine Jesu contumeliam pati.* Act. v, 41.
Ils s'en allaient tout joyeux d'avoir été jugés digne d'être outragés pour le nom de Jésus-Christ.

« — Non, Monsieur.

« — Je le sais de source certaine.

« — S'il y en a, c'est à mon insu.

« — Vous avez une volonté de fer. Nous irons voir cela tous deux, et si nous n'en trouvons pas, vous ne reviendrez pas ici. Du reste vous avez commis bien des crimes... »

Ici commença toute une énumération de forfaits : empoisonnement des malades et des blessés à l'ambulance, perversion de la jeunesse, complicité avec l'*infâme* gouvernement de Versailles. — Le P. Ducoudray se souvint que Jésus se taisait, lorsqu'il était accusé, *Jesus autem tacebat,* et comme son Maître adoré, vrai disciple, il resta silencieux et impassible.

Alors le citoyen Garreau, passant tout à coup de la violence à l'ironie, se tourne vers ses satellites : « Ces messieurs s'en donnaient, pendant que nous mourions de faim ! Aujourd'hui les rôles sont changés. Et d'abord, ces messieurs doivent être fatigués, nous avons dérangé leur sommeil ; vous allez leur donner des sommiers élastiques. »
— « Oui, oui, rembourrés de noyaux de pêche », s'écria un garde national, sans doute pour faire chorus avec son chef.

« Quant à vous, ajouta ce dernier en s'adressant au P. Ducoudray, je vais vous donner un écrou serré. »

La liste des prisonniers est dressée. Le tour du P. de Bengy venu : « Anatole de Bengy ! s'écrie le noble Garreau, c'est bien, voilà un nom à vous faire couper le cou. » — « Oh! j'espère, répond le Père, sans s'émouvoir, que vous ne me ferez pas couper le cou à cause de mon nom.

« — Et quel est votre âge?

« — Quarante-sept ans.

« — Vous avez assez vécu! »

Sans autres formalités, les prévenus sont conduits sous bonne escorte par le citoyen Garreau. Le P. recteur est renfermé seul et au secret dans une cellule de la Conciergerie. Tous les autres sont menés à la prison du dépôt dans une salle commune destinée jusque-là aux femmes sans aveu que la police ramasse la nuit dans les ruisseaux de la capitale. Il y avait là une trentaine de détenus et chaque jour on en voyait grossir le nombre.

Nous aurons à revenir bientôt à la Conciergerie, mais afin de suivre l'ordre des temps et des faits, repassons un instant à la rue Lhomond, et dans la soirée du même jour nous nous arrêterons un peu plus à la rue de Sèvres.

Trois des nôtres étaient encore restés à la maison Sainte-Geneviève.

Au milieu de l'affreux tumulte de la nuit précédente, comme chacun prenait conseil de soi-même, le P. Elesban de Guilhermy fut très-heureusement inspiré de descendre dans le jardin. Là, au milieu d'un massif d'arbustes, au feuillage encore bien rare et tout transparent, tantôt debout, tantôt assis ou couché, il se contente d'attendre pendant de longues heures et de s'attendre à tout. Les hommes armés vont et viennent dans tous les sens, passent et repassent tout près de lui, et personne ne le voit. Le grand jour enfin venu, le clairon ayant sonné le rappel, le Père sort tranquillement de son gîte nocturne et va droit à la chambre du Frère coadjuteur, Georges Merlin, depuis assez longtemps gravement malade et complétement alité. Il s'installe à son chevet en fonction de garde-malade, et plus tard il y est rejoint par le F. Jean-Baptiste Margerie, infirmier de l'école, qui a trouvé moyen, lui aussi, d'échapper aux perquisitions de la nuit. Or, par une exception assez étrange, le fait posé fut comme un droit acquis : les trois derniers hôtes de la maison furent sans doute déclarés en état d'arrestation et désormais gardés à vue; cependant la chambre d'un malade put leur paraître pendant deux mois une prison comparativement mitigée.

La journée du 4 avril allait se clore à la rue de Sèvres. Cette scène du soir, moins bruyante que celle du matin, devait être aussi fatale dans ses conséquences. Le P. Olivaint était bien assez averti du coup qui le menaçait, mais Dieu sans doute lui inspira la pensée d'attendre ; il attendit de pied ferme. Bien des fois on était venu le prévenir officieusement, et même, assure-t-on, de la part d'un membre de la Commune, de tout ce qui s'apprêtait pour le soir. Un peu avant midi, à une personne dévouée qui le suppliait de s'éloigner, il se contenta de répondre : « Que voulez-vous? Je suis comme un capitaine de vaisseau,

qui doit rester le dernier à son bord. J'ai déjà mis
en sûreté tout mon monde ; le P. Lefebvre seul
ne veut pas me quitter et quelques Frères gardent
avec nous la maison. Après tout, si nous sommes
pris aujourd'hui, je n'aurai qu'un seul regret, c'est
que ce soit le mardi et non le vendredi saint. »

La même personne revint à la charge vers six
heures du soir, encore plus alarmée et plus pres-
sante que le matin ; d'après des informations qui
paraissaient trop certaines, la redoutable visite
devait avoir lieu entre sept et huit heures. —
« Allons donc ! Pourquoi vous inquiétez-vous
ainsi, mon enfant ? lui répondit une dernière fois
le P. Olivaint ; le meilleur acte de charité que
nous puissions faire, n'est-ce pas de donner notre
vie pour l'amour de Jésus-Christ ?

Cependant, comme on vint annoncer qu'à cette
heure même, la visite se faisait dans la maison des
Lazaristes, il envoya un des Frères pour s'en
assurer. Le fait était vrai. Quant à lui, il se mit
à réciter tranquillement son bréviaire dans le
corridor du rez-de-chaussée, en face de la porte
d'entrée. Un ami venant à passer : « J'attends »,
lui dit-il encore, en lui serrant la main.

Enfin, à l'heure ordinaire de la collation de
carême, à sept heures un quart, on se rend au
réfectoire, quand tout à coup survient le Frère
portier : le délégué de la Commune était là, à
la tête d'une compagnie de gardes nationaux.
La consigne donnée au portier était de les retenir sous le vestibule ou dans les parloirs jus-

qu'à ce que le Supérieur lui-même arrivât, et
le F. François Gauthier sut bien l'observer,
malgré l'impatience et les menaces des visiteurs.
Il y avait quelque chose de bien plus important
et de plus pressé que d'aller rendre hommage
aux ambassadeurs armés de la Commune, c'était
de sauvegarder l'unique trésor de la maison, Notre
Seigneur et Maître, Jésus. Dans la prévision de
ce qui allait arriver, on avait eu soin le matin de
consommer toutes les saintes hosties, à la réserve
de deux seulement. Pouvait-on tout un jour se
passer de la présence réelle? Les deux Pères s'é-
lancent vers leur chambre ; chacun d'eux avait
son viatique tout prêt. Le P. Lefebvre revient le
premier, suivi bientôt par le P. Olivaint. Le citoyen Goupil, après avoir fait sonner bien haut
son nom et son titre d'envoyé officiel de la Commune, notifie l'objet de sa mission, qui est de
chercher les armes et d'autres choses encore te-
nues en réserve par les Jésuites ; et presque aussitôt, alléguant de graves et urgentes affaires, il
se substitue un citoyen Lagrange qui devait le
remplacer dignement. En effet, pour avoir une
juste idée de la morgue impie et de la grossière
insolence de ces fonctionnaires de la Commune,
il faut les avoir vus et entendus. Le citoyen Lagrange ordonne ainsi son expédition : une cinquantaine de gardes nationaux veilleront sur
toutes les issues : les autres, en nombre à peu
près égal, feront escorte pendant l'inspection et
deux factionnaires devront rester à la porte des

salles à mesure qu'elles auront été visitées. Le P.
Olivaint, de son côté, disposa son petit personnel.
Les FF. Pierre Bouillé et Charles Jaoüen tinrent
compagnie aux gardes nationaux qui occupaient
l'entrée et les abords de la maison. Pendant qu'on
procédait aux perquisitions, marchaient en tête
des visiteurs le F. François Gauthier, chargé d'un
trousseau de clefs, et le F. François Guégan, sa-
cristain, portant un flambeau. Ce dernier avait
bien proposé d'allumer tous les becs de gaz, mais
pour toute réponse, on menaça de le fusiller, sous
prétexte qu'il cherchait à s'évader, ou bien à dé-
rober quelque objet précieux aux investigations
de la Commune. La fouille à fond dura plus de
trois heures; dans le vrai, elle parut médiocre-
ment amuser ceux qui la faisaient : aussi bien
elle ne rapportait même pas ce qu'elle coûtait ;
sans doute elle avait encore moins de charmes
pour ceux qui la subissaient. Le citoyen Lagrange
et son second, qui avait toutes les allures d'un
transfuge de séminaire, parlaient beaucoup, tantôt avec violence, tantôt avec ironie ; le P. Olivaint restait calme dans ses réponses, et se mon-
trait plein de réserve.

Mais vint enfin l'instant critique. Dans la
chambre du P. procureur, on a découvert la
caisse de la maison. A cette vue : « Ouvrez vite,
s'écrie-t-on, où est la clef ? » — « Je ne l'ai pas et
elle n'est même pas ici, répond le P. Olivaint.
Le P. procureur absent, l'a prise et emportée avec
lui. » — On s'emporte alors et on tempête. A toute

force il faut de l'argent ; il est donc enjoint au F. Guégan d'aller, escorté de trois gardes nationaux l'arme au bras, chercher le P. procureur dans sa retraite et de le ramener mort ou vif. Le P. Caubert arrive en effet, ouvre la caisse ; elle était vide. Celui-ci a beau expliquer et motiver le fait : depuis le commencement du siége de Paris, il y avait suppression des recettes et augmentation des dépenses : l'entretien absolument gratuit d'une nombreuse ambulance avait épuisé toutes les dernières ressources, et depuis assez longtemps on ne vivait plus que d'emprunts. N'importe, le citoyen Lagrange n'entend rien : « Nous sommes volés, s'écrie-t-il ; eh bien ! au nom de la Commune, le Supérieur et l'économe sont mes prisonniers ; partons pour la Préfecture [de police. » Le P. Lefebvre demande en suppliant une grâce, celle d'être emmené avec ses frères : « Non, non, lui est-il répondu, restez ici et gardez cette maison au nom de la Commune.....» Dans le fait, la sentence du citoyen Lagrange est devenue prophétique, et la maison gardée par le P. Lefebvre a été épargnée avec lui.

Il était environ onze heures et demie du soir quand les deux prisonniers partirent sans retour. En vain avait-on cherché une voiture pour le long trajet.

Dans la rue, une foule assez nombreuse stationnait à la porte : le P. Olivaint ne parut remarquer au pasage qu'un seul groupe de figures amies et compatissantes ; il salua en souriant, comme s'il disait : *Ne pleurez pas sur moi !*

Le citoyen Lagrange, avec sa compagnie s'en alla au quartier de la place Vendôme, aussi fier de ses prouesses de la nuit que s'il avait battu les Versaillais. Un piquet seulement d'hommes armés emmena les prisonniers à la Préfecture de police, et là, au lieu d'être réunis avec les autres dans la salle commune du dépôt, ils furent immédiatement écroués au secret dans des cellules de la Conciergerie.

Le P. Lefebvre me fit passer ce billet à Versailles : « Les PP. Olivaint et Caubert, en prison. On n'a pas voulu de moi absolument, et je reste seul à la maison avec le F. Bouillé, grâces à Dieu sans peur. Les autres sont dispersés et viennen de temps en temps me voir. Je mets le bon Dieu à la tribune, près de ma chambre, et quand on reviendra, je consommerai les saintes hosties. L'église sera fermée. On arrête les curés; Monseigneur aussi est à la Préfecture de police; ce sont des otages, à ce qu'on m'a dit. Priez, priez pour moi, mon Père; oh! que je serais heureux de donner ma vie pour Notre-Seigneur. »

Non ; la Commune avait déjà désigné ses victimes ; ou plutôt, bien avant elle, Dieu lui-même avait choisi ses martyrs.

LA CONCIERGERIE.

Désormais notre récit va nécessairement se cir-
conscrire. Jusqu'ici nous avions dû suivre les
scènes diverses et passer d'une maison à l'autre;
maintenant nous n'aurons pour théâtre qu'une
prison et un cachot.

Il nous a bien fallu aussi unir aux noms des
victimes les noms de quelques-uns de leurs frères,
parce que leur fortune était encore confondue. Mais
le triage est fait, la séparation consommée et nous
n'avons plus qu'à nous tenir dans le cadre tracé
par la Commune.

La Conciergerie fut donc la première station dans
la voie douloureuse. Le P. Ducoudray avait
d'avance tout prévu et tout accepté. Le prince R.
de Broglie nous écrivait le 4 juin : « De ma vie,
je n'oublierai la visite que je lui fis le 19 mars,
son accueil plein de bienveillance et son paternel
intérêt pour mon neveu. Dans cet entretien, le
Révérend Père me prédit tout ce qui est arrivé:
« Avant peu, me dit-il, nos églises seront fermées,

nos maisons dévastées, nos personnes arrêtées, et Dieu sait qui retrouvera sa liberté. Les actes qui vont se produire auront un caractère particulier de haine contre Dieu, et ce qui est bien triste à dire pour un prêtre, il n'y pas d'autre argument avec les malheureux qui sont maîtres de Paris, que le canon : voilà sept mois que je vis au milieu de ces hommes, et je n'ai pas encore rencontré un cœur ou un esprit honnête.

M. le comte de Beaumont écrivait aussi le 31 mai: «Je ne puis me faire à l'idée de ne plus revoir ce bon P. Ducoudray, pour lequel j'aurais donné ma vie ; je conserve précieusement sa dernière lettre, écrite très-peu avant son arrestation et où il me disait textuellement : Ne sommes-nous pas arrivés au temps où il est plus pénible de savoir vivre que de savoir mourir ? »

Dans une autre lettre du 20 février, le P. Ducoudray exprime ainsi ses appréhensions : «Depuis six mois je ne vis que de deuils et de tristesses. Quel spectacle douloureux nous avons eu pendant le siége de Paris, et au sortir du blocus, quel affreux réveil ! Que de noms manquent à l'appel quand je me pose devant mes anciens élèves. Mon Dieu ! Faut-il vous dire que je ne puis encore espérer? Paris a perdu la dernière fibre de sens moral et religieux. Sa population est insensée, en délire. Pouvons-nous espérer le retour des miséricordes divines, quand cette immense cité ne songe qu'à fonder une société basée sur l'absence de la religion et sur la haine de Dieu ? Il faut en-

core un miracle pour nous aider à sortir de l'abîme
où nous sommes plongés. Je me tais... J'ai le cœur
trop gros et l'âme trop sombre. »

Dès le début de sa réclusion au secret, le P. Ducoudray avait demandé d'avoir un de ses frères
pour compagnon de captivité ; il désignait même
nommément le P. Alexis Clerc, homme excellent
et saint religieux, du plus heureux caractère, du
cœur le plus généreux. Celui-ci répondit dans
l'allégresse à la consigne qui l'appelait à la mort.

Le lendemain, 5 avril, le P. Olivaint adressait
au P. Lefebvre la lettre suivante :

« Mon cher ami,

« Vous avez donc perdu la bonne occasion que
vous aviez désirée. Vraiment je vous plains en
Notre-Seigneur. On n'est pas trop mal ici. La cellule est encore plus modeste que rue de Sèvres :
c'est un gain. Je crois vraiment qu'on prie moins
bien rue de Sèvres qu'ici : c'est donc encore un
gain. Je fais ma retraite ; j'ai commencé hier soir.
En vérité j'attends plus de fruits de celle-là que
de toutes les autres. Que Notre-Seigneur est donc
bon, et qu'on fait donc bien de s'abandonner à lui!
Veuillez avertir mon ami P..... de ce qui m'est
arrivé... Je vous charge de me rappeler au souvenir de M. D. : dites-lui bien d'être très-tran-
quille. — Je ne sais rien sur mes compagnons de
la rue Lhomond. Je les crois ici avec M. Caubert et
moi. J'espère que vous pourrez me voir. Le directeur est, m'a-t-on dit, M. Gareau, qui, m'a-t-on

dit aussi, est très-accessible. Je suis à la Préfecture de police, quartier des Femmes, n° 65.

« Ce que c'est que de n'avoir pas l'habitude de ce singulier gîte : tout à l'heure un domestique en balayant a frappé la porte et j'ai crié : *entrez*, de ce ton un peu décidé qui vous amusa quelquefois. Je m'en suis amusé moi-même. Pourquoi serions-nous tristes ? Dites bien à tous ceux qui vous parleront de moi, de ne pas se décourager. *Quare tristis es anima et quare conturbas me? Spera in Deo quoniam adhuc confitebor illi* [1].

« Deux petites commissions pour la première occasion : m'envoyer ma loupe dont j'ai tan besoin avec mes méchants yeux ; — je voudrais bien avoir aussi la *Doctrine spirituelle* du P. Lallemant, que l'on trouvera dans mon prie-Dieu. — Un mot au bon M. Moissenet, rue Richepance. Remerciments pour ceux qui avec tant de dévouement hier soir ont fait à travers la maison la triste promenade ; remerciments pour vous d'abord.

« Bien à vous, tout à vous de cœur. »

Dès son entrée à la Préfecture de police, le P. Olivaint avait témoigné de cette joie qui remplissait son cœur. Le jour même où il écrivait au P. Lefebvre, apercevant à travers le guichet de sa

[1] Mon âme, pourquoi es-tu triste, et pourquoi me troubles-tu? Espère en Dieu parce que je dois encore le louer. Ps. xli, 6.

cellule M. l'abbé Petit, secrétaire de l'archevêché, qui, lui aussi, venait partager sa captivité : «*Ibant gaudentes* ! lui dit-il; c'est pour le même maître!» et il lui serra la main.

Cette sainte allégresse était un mystère pour les gardiens ; et, comme l'un d'entre eux en marquait de l'étonnement : « Je serais dans un trou, lui répondit le P. Olivaint, je ne m'ennuierais pas. »

Le P. Caubert n'était ni moins calme, ni moins résigné que son supérieur. Il acceptait par avance tout ce que Dieu déciderait ; et quand les prisonniers furent en présence du greffier pour être enregistrés, il dit à M. l'abbé Petit : «Il faut des victimes ; c'est Dieu qui les a choisies. »

De leur côté, le P. Ducoudray et le P. Clerc écrivaient aussi le 5 avril ; et sur des billets qui portent le visa et le timbre de l'état-major de la place, ils demandent pour les dix-neuf détenus de Sainte-Geneviève, qui n'ont rien pu apporter avec eux, quelques objets de première nécessité.

Le jeudi saint, 6 avril, il y eut une courte éclaircie de joie dans la salle commune, quand on reçut de la part du P. Ducoudray, comme un dernier souvenir de sa charité, une copieuse provision de linge et de comestibles. Mais bientôt y succéda une vraie consternation ; le P. de Bengy est appelé pour être transféré avec d'autres prisonniers de la Conciergerie à Mazas. Assez tard dans la soirée, une voiture cellulaire, partagée en huit cases soigneusement fermées et séparées les unes des autres emportait, avec Mgr l'Archevêque et M. le président Bonjean, les PP. Ducoudray, Clerc et de Bengy. Nous les y suivrons bientôt.

Par bonheur pour les détenus de la salle commune, au nombre encore de dix-sept, il survint alors à l'Hôtel-de-Ville un instant d'indulgence, et à travers bien des péripéties qui ne sont plus de mon sujet, ils furent relâchés le 12 avril, après neuf jours d'emprisonnement.

Restèrent seulemement à la Conciergerie le P. Ollivaint et le P. Caubert, l'un et l'autre en cellule, au secret, sans communication possible.

Eh bien ! à dater de cette heure, je crois en vérité écrire un épisode des catacombes. L'Église est bien toujours féconde en âmes généreuses ; mais c'est l'épreuve surtout qui met à nu le fond des cœurs ; et si d'une part il y a dans les martyrs une patience plus grande que toutes les douleurs, il y a dans les chrétiens une charité plus forte que la mort même.

Un petit service de ravitaillement et de correspondances fut bientôt organisé et fonctionna sans relâche jusqu'à la fin. Trois fois par semaine on apportait des provisions ; nous le verrons, on sut faire bien mieux encore. Mais nous laisserons les captifs nous parler désormais eux-mêmes et nous révéler leur âme, en nous racontant leur vie. Du fond de leur cachot, ils peuvent seuls être leurs propres témoins. Je n'ai plus qu'à copier les lettres, dont j'ai tous les autographes sous les yeux.

Le premier de ces messages et du P. Olivaint, à la date du 7 avril, le vendredi saint.

« Que je vous remercie ! mais remerciez Notre Seigneur avec moi. Il veille si bien sur les siens, que je ne sens, à vrai dire, aucun besoin. Tout le monde ici est très-bon ; mais je ne puis rien vous dire de plus. Confiance, courage ! Redisons encore et toujours : que Notre Seigneur est bon ! »

Le 8 avril, le P. Caubert écrit : « La confiance en Dieu donne des forces, et Notre Seigneur est le soutien de ceux qui espèrent en lui. Merci de vos prières ! Je profite du loisir forcé pour faire ma retraite annuelle. Quelques petites provisions ne nuiront pas, si c'est possible ; sinon, *fiat !* comme il plaira à Dieu ! Notre Seigneur nous a donné l'exemple de souffrir. »

Le même jour, le P. Clerc écrivait de Mazas à M. Jules Clerc, son frère, une lettre que nous enregistrons ici, pour la mettre à sa date.

Après lui avoir demandé quelques livres de mathématiques et tous ses papiers laissés dans sa chambre à l'École, il ajoute : « Je me porte très-bien, suis très-content, et avec ces livres, défierai indéfiniment l'ennui, qui ne s'est point encore présenté. »

Nous avons trois lettres du 9 avril, le saint jour de Pâques. Pour un cœur chrétien, il y a toujours et partout des fêtes, même en prison.

« Je suis sûr d'aller au devant de vos désirs, en vous donnant de mes nouvelles, écrit le P. Olivaint. Avec un peu d'imagination, vous me croyez

mort, ou du moins bien malheureux. Détrompez-
vous et rassurez ceux qui auraient la bonté de
s'inquiéter à mon sujet. Vous allez trouver que
j'ai un singulier caractère; mais je ne suis vraiment pas mal ici. Je me suis mis en retraite en
arrivant : de cette manière, je vis bien plus dans
le cœur du bon Dieu que dans ma pauvre cellule; je trompe ainsi et les lieux et les temps, et
les hommes et les événements; je profite de tout
et je suis très-content. J'ai déjà fait trois jours de
ma retraite. Pourvu qu'on me donne le temps de
finir! Ah! qu'ai-je dit? Il faut rétracter bien vite
cette parole-là; bien plutôt je désire vivement,
pour tous mes compagnons, que l'épreuve ne dure
pas huit jours. Mais comment finira-t-elle? Où en
sommes-nous? Que se passe-t-il? Que veut-on de
nous? De quoi sommes-nous accusés? Je ne sais
rien de tout cela. Eh bien, à la Providence! Pas
un cheveu de ma tête ne tombera sans la permission du Maître, voilà ce que je sais bien; et s'il
fait tomber le cheveu, et encore autre chose, ce
sera pour mon plus grand bien. Mais je ne suis
pas digne de souffrir pour lui, au moins que je
tâche par la retraite de m'en rendre digne...

« Maintenant quelques commissions : d'abord
procurez-moi un promenoir en raccourci d'un ki-
lomètre, que je puisse arpenter dans ma chambre,
car nous n'avons pas encore pu mettre le pied dehors. Si vous trouvez aussi de l'air condensé,
comme le lait à l'anglaise, par la même raison que
nous restons renfermés, je vous serais bien obligé

3

de l'envoi. Vous voilà bien dans l'embarras et bien dans la peine, j'en suis sûr, de voir votre dévouement arrêté par l'impraticable. Consolez-vous : les plaisanteries vous disent assez qu'au fond je n'ai besoin de rien.

« Grande privation d'être ici pour Pâques. Mais patience ! N'en chantons pas moins de bon cœur l'*Alleluia*. Confiance ! Confiance ! »

Le P. Caubert, de son côté, faisait passer ce billet, daté du même jour : « Merci de vos provisions ! On s'unit moins facilement à Dieu, quand on a à peu près tout ce qu'il faut. Le sacrifice aide plus que tout le reste à trouver Dieu et à ne s'appuyer que sur lui seul. J'espère que le P. Olivaint va assez bien, car nous ne nous voyons pas. On a des forces quand on met sa confiance en Dieu et qu'on s'abandonne à sa Providence toute paternelle. Le moral soutient le corps. Je l'éprouve bien, depuis que je suis captif pour Notre Seigneur et ne sortant pas de ma cellule. »

Enfin à Mazas, comme à la Conciergerie, on goûtait dans les fers les joies pascales, et le P. Clerc adressait à son frère une lettre qui se rattache à cette journée :

« Mon cher Jules

« *C'est aujourd'hui la fête des fêtes, la Pâque des chrétiens, le jour que le Seigneur a fait !* Il n'y a eu pour nous messe ni à dire ni à entendre, mais il y a eu la joie et la paix dans le Seigneur.

« Comme tes envois sont beaucoup plus copieux

qu'il ne faut pour moi, ton intention de venir au secours de mes compagnons de captivité m'est démontrée, et si je suis heureux de t'exprimer ma reconnaissance pour ta fraternelle amitié, je le suis bien davantage de le faire pour ta charité; c'est la plus excellente de toutes les vertus, et qui ne sera remplacée par rien de plus excellent, même dans le ciel. Et aussi, non-seulement je te remercie, mais je te félicite, parce que je sais que Dieu ne te laissera pas sans récompense pour ton zèle à subvenir aux besoins de ceux qui souffrent pour son nom.

« Ce m'est une nouvelle et vive consolation que de te voir associé à notre tribulation. Je n'en suis pas seulement heureux et fier pour mon compte, mais aussi pour le tien; et j'espère que c'est là pour toi et pour les tiens la première des grâces, dans une série plus abondante qu'auparavant, que Dieu répandra sur vous tous.

« Ne t'inquiète plus de moi; mets ta famille en sûreté, c'est le plus pressé. Je n'ai du reste aucun besoin à te faire connaître. J'ai du linge suffisamment et j'ai de l'argent pour me procurer des aliments.

« Je m'étais préparé ce matin à déjeuner : juste arrive ton envoi; j'ai fait honneur à tout. Cette rencontre si opportune est une des mille délicatesses de la providence de Notre Père qui est aux cieux. Qu'il en soit béni, et l'instrument qu'il a choisi pour me faire arriver ses bienfaits! Je ne veux pas demander à la Préfecture la permission de prendre des livres chez moi, non pas par crainte d'un refus, ni pour m'épargner la reconnaissance, mais pour de meilleures et plus hautes raisons. D'ailleurs, avec la Bible, j'ai de quoi nourrir mon âme pendant plus de temps que je ne serais en prison, y dussé-je mourir de vieillesse. Que Charles, qui m'enseigne à souffrir le mal en patience, veuille enfin apprendre de moi à le supporter avec Notre Seigneur; il trouverait le secret de souffrir avec joie et avec fruit. »

Ici s'arrête la première série de correspondances que nous avons pu recueillir; à dater du 9 avril, il y a une interruption jusqu'au 17. A cette époque pourtant se rapportent encore quelques détails dignes de mémoire.

Voici d'abord un hommage rendu au P. Olivaint, aussi honorable assurément à celui qui en est l'auteur, qu'à celui qui en était l'objet : l'un avait fait de la charité, l'autre pratiquait de la reconnaissance.

Un jour, un ecclésiastique vint me trouver à Versailles : « Je suis le curé de Montmartre, me dit-il, je suis venu ici chargé d'un message de Mgr l'archevêque de Paris pour le Chef du pouvoir exécutif. J'ai vu M. Thiers et j'ai sa réponse : elle est négative et sans doute elle me sera fatale; mais n'importe, j'ai donné ma parole en sortant de Paris; je dois et veux la dégager en y rentrant. Toutefois, avant de partir, j'ai une dette à payer. Je suis moi-même un des prisonniers de la Concier-

gerie ; or comme là je manquais de tout, le bon
P. Olivaint, averti de ma détresse, avait la charité
de me faire part de ses petites ressources. Je te-
nais à le remercier, mais il n'est plus permis de
l'atteindre et c'est à vous, du moins, que j'ai voulu
exprimer ma reconnaissance. » — Cela dit, ce
digne prêtre se met à genoux : « Mon Père, ajoute-
t-il, donnez-moi votre bénédiction, je pars comme
si j'allais à la mort.» — Nous nous jetons en pleurant dans les bras l'un de l'autre, et il disparaît.
Cependant la Commune de Paris, cette fois du
moins, se piqua d'honneur ; et le nouveau Régu-
lus, à son retour, fut rendu à la liberté.

Enfin le jeudi 13 avril, le dernier jour passé à
la Conciergerie fut marqué par un événement qui
effaçait tous les autres. Après avoir beaucoup cherché, on finit par trouver une voie sûre pour faire
arriver aux deux captifs, non pas une consolation
seulement, mais le Consolateur lui-même. Le
Dieu caché se cacha plus encore ; sans être vu
même des geôliers, il entra, et la prison devint
une *maison de Dieu* et parut comme *la porte du
ciel.*

Il était temps, du reste, de donner aux deux
martyrs le cordial divin. Quelques heures plus
tard, le P. Olivaint et le P. Caubert allaient rejoindre les trois qui les avaient précédés à Mazas,
faisant une dernière halte à moitié chemin de leur
calvaire.

MAZAS.

La prison de Mazas, sur le boulevard du même nom, est construite, on le sait, suivant le système cellulaire. A la porte de l'odieux séjour, le mouvement s'arrête et la vie elle-même s'éteint; l'isolement y est complet, et les malheureux détenus sont enterrés vivants. Depuis le 13 avril jusqu'au 22 mai, nous n'aurons donc plus que la monotonie du secret. Et pourtant cette partie de notre recueil n'est pas seulement la plus longue, mais, à mon avis et sans comparaison, elle est la plus intime et la plus riche. Elle contient peu de faits, mais beaucoup de lettres, et ce sont nos reclus eux-mêmes qui, sans pouvoir se donner le mot, nous ont écrit le journal de leur captivité. Après quelques jours seulement, des intelligences avaient été nouées et les communications se trouvèrent établies avec Mazas.

Le P. Ducoudray ouvre cette seconde série par une lettre en forme, dans laquelle il rend compte à son Supérieur de la situation et de ses dispositions personnelles.

« Mon Révérend et bien aimé Père provincial,

Pax Christi.

« J'essaie de pénétrer jusqu'à vous... et si ce n'est pour vous parler *os ad os*, du moins pour vous donner signe de vie, et vous dire combien j'ai hâte de me rapprocher plus près de vous.

« Vous connaissez notre histoire et ses tristesses... Ici, je passe beaucoup de temps à prier, et un peu à souffrir. L'isolement, la séparation, les incertitudes, et surtout la privation de célébrer la sainte messe, même d'y assister, c'est bien cruel !

« Nulle communication possible *cum concaptivis meis*. Ils sont là, près de moi, dans le même corridor ; c'est tout ce que je sais.

« Voilà la part que la volonté de Dieu nous a faite. Pour nous, nous n'avons qu'à suivre le conseil de l'Apôtre : *in omnibus exhibeamus nosmetipsos, sicut Dei ministros, in multa patientia, in tribulationibus,... in carceribus, in seditionibus,... per gloriam et ignobilitatem, per infamiam et bonam famam*[1].

« Sentir de très-près l'*improperium Christi*, n'est-ce pas une grande grâce ?

---

[1] Montrons-nous en toutes choses des ministres de Dieu, par une grande patience dans les tribulations,.... dans les prisons, dans les séditions,.... dans la gloire et dans l'ignominie, dans la mauvaise et la bonne réputation (II Cor. vi, 4-8).

« Priez et faites beaucoup prier... une petite place, s'il vous plaît, à chaque *memento* de vos messes, et alors *per orationes vestras spero me donari vobis*.

« Sera-ce bientôt ? Comme il plaira à Dieu.

« En union de vos saints sacrifices.

« *R^æ V^æ humillimus servus in X_to et addictissimus filius*.

« L. DUCOUDRAY. »

Le 17 avril, le P. Olivaint écrit à un de ses frères :

« Cher ami, j'ai reçu votre bonne lettre ; elle m'a fait grand plaisir. Remerciez bien pour moi toutes les personnes qui s'intéressent à mon sort. Dites-leur bien que je ne me trouve pas du tout à plaindre : santé assez bonne ; pas un moment d'ennui dans ma retraite que je continue jusqu'au cou ; je suis au treizième jour, en pleine Passion de Notre Seigneur, qui se montre bien bon pour ceux qui essaient de souffrir quelque chose avec lui. De plus en plus soyons à Dieu. Je ne sais rien de mes compagnons. Je compte sur les livres que je vous ai demandés. Amitiés à tous. A vous de cœur. »

Le 18 avril, Mazas compta deux hôtes de plus : le P. Yves Bazin et le frère coadjuteur René Aurière. Au moment même où ils allaient s'évader de Paris, ils sont reconnus à la gare du Nord par le citoyen Le Moussu, commissaire de police, et immédiatement arrêtés. Consignés d'abord à la salle d'asile de Montmartre, puis conduits à la Préfecture de police, pour y être interrogés, dès qu'il eut été constaté qu'ils habitaient au n° 35 de la rue de Sèvres, ils furent définitivement écroués à la prison de Mazas. J'ai dû les introduire ici l'un et l'autre, au moins les signaler dans mon récit, puisqu'ils ont eux aussi partagé la captivité de Mazas et même de la Roquette ; mais, comme j'ai déjà fait pour leurs frères emprisonnés, puis libérés à la Conciergerie, je suis heureux de pouvoir les écarter aussitôt. La Commune les avait aussi condamnés à mort, mais cette sentence ne fut pas confirmée par le Ciel, et la Providence elle-même raya leurs noms inscrits sur le rôle des victimes.

Nous avons, du 19 avril, deux billets du P. Olivaint.

« Merci de votre lettre, cher ami. Plusieurs de mes billets ont évidemment été perdus. Je n'ai reçu de vous à la Préfecture que la *Doctrine du P. Lallemand,* à laquelle on a joint une *Imitation.* Si vous avez envoyé d'autres livres, faites-les réclamer, car je n'ai rien reçu.

« Je n'ai pas entendu dire qu'il fût défendu ici de recevoir des livres du dehors. Si oui, je me soumets à cela comme à tout le reste : *voluntarie sacrificabo tibi ;* si non, je compte sur vous.

« Je voudrais avoir une Bible latine, en assez gros caractères, le commentaire sur les psaumes de Bellarmin, notre petit *Thesaurus.*

« Nos gardiens sont très-honnêtes. Nous avons

3.

promenade tous les jours. Je n'ai pas un moment
d'ennui : *pas si bête!* Quinzième jour de ma retraite.

« Quelques petites misères de santé, que j'aurais
aussi bien ailleurs.

« *Ad majorem Dei gloriam.*

« Bien des choses à tous — A vous de cœur. »

Le même jour, le P. Olivaint mande à un autre:
« Vous n'avez donc pas reçu mes lettres ; j'espère
que celle-ci arrivera heureusement jusqu'à vous.
Je vous remercie du fond du cœur de votre charité pour les pauvres prisonniers. Voilà une œuvre
que je n'avais pas bien comprise avant d'être en
prison. Mais comme vous la pratiquez bien, je
dirais presque trop bien !

« Non, le temps ne me paraît pas si long. Je
poursuis ma retraite, sans me lasser. Je me garde
bien de m'ennuyer avec le bon Dieu.

« En somme, santé bonne, et cœur content.

« Merci encore. Tout à vous. »

Le 20 avril, le P. Olivaint insiste pour avoir les
livres qu'il a déjà demandés : « Puisse ce billet
vous parvenir ! Je vous en prie, envoyez-moi les
livres. J'ai reçu aujourd'hui de nouvelles provisions : remerciez pour moi. Mais les livres me
seraient bien agréables. Tout continue d'aller bien
in Domino. »

Le P. Caubert faisait lui-même quelques de-
mandes le 21 avril et y ajoutait ce bulletin :

« Ma santé se soutient assez bien. Paix et confiance. »

Le 22 avril le P. Olivaint avait reçu les livres tant désirés, il écrit d'une part : « Comme je vous remercie pour les livres que j'ai reçus hier ! Mais la Bible n'est pas complète. Ce soir, en voulant préparer ma méditation, j'ai été tout attrapé. Les Prophètes manquent, ainsi que les Évangiles. Dès que vous pourrez, je me recommande à vous pour la suite.

« Rien de nouveau dans le pays que nous habitons. — Tout va bien *in Domino*. »

Il écrit d'autre part, toujours à ce propos :

« M. le directeur a eu la bonté de me faire remettre les livres. Je vous suis bien reconnaissant de me les avoir envoyés. Je vous remercie aussi des autres choses; mais en vérité c'est un peu trop, d'autant plus qu'il ne m'est pas permis, comme je le voudrais bien, d'envoyer quelque chose à d'autres malheureux, auxquels personne ne s'intéresse en ce monde.

« Croyez bien que j'irai très-simplement, et je saurai bien ou vous demander, ou me procurer ici ce dont je puis avoir besoin. Quoi qu'il arrive, je tiens à être debout. En somme, je vais vraiment bien de corps, et pour l'esprit, il me semble que je fais une retraite de bénédiction. *Deo gratias* !

« Dieu vous rendra ce que vous faites pour nous. »

Toujours à cette même date du 22, le P. Clerc écrivait aussi à son frère : « On entend nuit et jour gronder le canon, donc on se dispute les

forts et nous faisons, après les Prussiens, le siége
de Paris ; mais les Prussiens en auraient eu pour
longtemps encore à les prendre de vive force.
J'en conclus, et tu vois que mes données ne sont
pas nombreuses, j'en conclus néanmoins que le
siége et ma détention peuvent ne pas finir demain. J'en ai bien pour quelques jours encore
avec le livre que tu m'as donné, mais j'en voudrais un autre. »

Après avoir indiqué un certain nombre d'ou-
vrages de mathématiques, il ajoute : « Enfin si
tu peux aussi me procurer la *Somme théologique*
de saint Thomas, je serai pourvu pour longtemps.

Pour les aliments et le linge, je ne manque de
rien et la charité de quelque bonne âme y pour-
voit.

« Ne m'as-tu pas répondu ? Ta réponse à ma
dernière lettre ne m'a-t-elle pas été donnée ? Je
n'en sais rien. On parle de la clôture des cou-
vents de religieuses : celle de Mazas n'est pas à
dédaigner.

« Je te recommande surtout de ne te compromettre en rien pour moi ; ce que je te demande
est de l'abondance et non pas du nécessaire. Ainsi
ne va pas te faire incarcérer pour me venir en
aide ; cela ne servirait à rien, et tu n'es pas dans
les mêmes conditions que moi pour le prendre
patiemment. »

Enfin le P. Caubert mandait à madame Lauras,
sa sœur : « Ne prends pas la peine de venir ainsi
tous les jours savoir de mes nouvelles, puisqu'on

ne te permet pas de me voir. C'est une trop longue
course pour toi. Une fois par semaine cela serait
bien suffisant.

« Du reste ma santé se soutient assez bien, et
je n'ai besoin de rien en ce moment. J'ai écrit à
une excellente dame d'aller te voir, pour te consoler un peu par ses bonnes paroles. — Prière et
confiance ! »

C'est au 23 avril que se rapporte un incident
notable, au moins pour sa rareté, dans l'histoire
de Mazas. Le secret de la formidable oubliette fut
soudain allégé pour un des reclus. On s'en souvient, sous le règne de la Commune il y avait
autant d'anarchie que de tyrannie; les systèmes se
supplantaient et les décrets se détruisaient, à
mesure que les personnages se dévoraient les
uns les autres ; tantôt prévalait un parti relati-
vement modéré, tantôt un parti plus violent, jusqu'à l'heure inévitable des forcenés, cette espèce
d'hommes, me disait un soldat, *qui ont fini de
bien faire*. Un intervalle de détente fut donc mis
à profit.

Une personne dévouée, une mère reconnais-
sante de l'éducation donnée à ses fils, va trouver
un membre de la Commune auquel elle a eu l'occasion de rendre service, et en retour, elle demande seulement une grâce, un permis de visiter
le P. Ducaudray au parloir de Mazas, avec cette
clause expresse qu'elle pourra se faire accompa-
gner par un second pour pénétrer dans la sombre
demeure. Il en fut ainsi : la première entrevue

eut lieu le 23 avril ; d'autres se succédèrent le
27 et le 30 avril, le 1er et le 4 mai. Au delà
toutes les tentatives restèrent inutiles : on entrait
dans la période de la Terreur. Mais si l'œil des
geôliers ne le soupçonna point, on le devine déjà,
le cavalier qui accompagnait l'obligeante visi-
teuse était, ni plus ni moins, un de nos Pères,
du reste parfaitement déguisé. Je transcris la note
qu'il m'a lui-même transmise: « J'ai eu le bonheur
de voir le bon P. Ducoudray à Mazas. Il ne nous
attendait pas et crut qu'on l'appelait pour l'inter-
roger. Aussi fut-il bien surpris et tout ému. Nous
étions séparés de lui par une grille dont les bar-
reaux étaient assez espacés pour permettre de lui
serrer la main. Cette visite ne dura que vingt minutes. Je lui donnai des nouvelles des nôtres. Il
était préoccupé de son sort, mais parfaitement
résigné à tout ce que Dieu voudrait de lui. Il
nous disait qu'il était bon que la compagnie eût
sa part de souffrances. Il demanda des prières et
me chargea de le recommander à nos amis. Ce
qui lui pesait le plus, c'était l'inaction.

« A la seconde visite, qui dura une heure et
quart, je l'ai confessé en latin. Il me demanda
des livres. Il espérait encore, mais sans se faire
illusion pourtant. Enfin j'ai toujours trouvé le
P. Ducoudray tel que je l'ai connu : un homme
et surtout un homme de Dieu. »

Le 24 avril, le P. Caubert console madame
Lauras, sa sœur : « Je venais de t'écrire, lorsqu'on m'a apporté ta lettre. Ne te préoccupe pas

et ne t'inquiète pas ; cela n'avance à rien. Aie plutôt cette confiance qui fait du bien à l'âme. Tu aurais besoin en ce moment d'entendre souvent quelques bonnes paroles qui consolent, en donnant de la confiance et de la force. »

Le 25 avril, un billet du P. Olivaint : « Merci de votre infatigable charité ! Merci particulièrement de la Bible complète ! Je vous serais bien reconnaissant de m'envoyer l'explication des psaumes du P. Berthier, et le volume du même auteur sur le Saint-Esprit. — Vingt et unième jour de la retraite : Je serai bientôt à la Pentecôte. Tout à vous. — Bien portant et *Deo gratias* ! »

Dans une lettre du même jour à son frère, le P. Clerc, après avoir encore demandé des nouvelles de sa famille et quelques livres ajoute : « Je ne manque de rien, si ce n'est que le régime de la prison ne comportant plus d'aumônier, nous n'avons ni messe ni sacrements. Jamais, je crois bien, les prisonniers ne les ont tant désirés.

« Je prie le bon Dieu, j'étudie, je lis, j'écris un peu, et je trouve que le temps passe vite, même à Mazas.

« Il y a vraiment des pressentiments : je n'avais, je crois, jamais passé sur le chemin de fer de Vincennes sans regarder cette prison, et me dire que j'y serais peut-être un jour. J'ai, pendant qu'on la construisait, visité avec beaucoup de soin celle de la Santé, toujours avec la même préoccupation. Pour ne pas exagérer, je dois ajouter que j'imaginais que cela se ferait par le moyen régulier et officiel d'un monsieur Bonjean quelconque, magistrat des vieux Parlements, tandis que ce pauvre M. Bonjean trouve moins étonnant de se voir lui-même en prison, que de s'y voir avec les jésuites. Oh ! fortune ! Je puis dire aussi : Oh ! Commune, voilà de tes coups ! »

26 avril. — Je mets sous cette date tous les petits billets du P. de Bengy, dont la teneur du reste est toujours la même : « Merci mille fois. Je me porte à ravir et ne m'ennuie pas. J'ai déjà lu une douzaine de volumes. Je ne sais absolument rien d'ailleurs. Courage et confiance. »

Le 27 avril, le P. Olivaint répondait à un de ses frères : « Je suis bien touché de votre lettre... Nous ne manquons, grâce à Dieu, d'aucune chose nécessaire, et quant aux douceurs, celles d'en haut valent bien mieux que celles d'en bas. Je suis au vingt-troisième jour de ma retraite. Je n'aurais jamais espéré que la retraite d'un mois me fût rendue, et voilà que je touche au terme.

« Eh bien ! si à la fin du mois nous ne retrouvons pas la liberté, je poursuivrai encore ma retraite et je ne perdrai rien, j'espère, de cette façon, à la prolongation de l'épreuve.

« Vous le comprenez, nous n'avons pas ici de nouvelles à donner. Et cet affreux canon qui gronde sans cesse ; oh! que cela me fait mal ! mais aussi que cela me porte à prier pour notre pauvre pays ! S'il ne fallait que donner ma misérable vie pour mettre un terme à cela, que j'aurais vite fait mon sacrifice ! Bonne santé et joie du cœur.

« Tout à vous avec plus d'affection que jamais : je vous dois bien cela pour toutes vos bontés. »

28 avril. — Le P. Clerc à son frère : « A la bonne heure, voilà qui est écrire ! En deux mots, tu me renseignes sur ce qui m'intéresse le plus. Maintenant mon ignorance de ce qui se passe m'est beaucoup moins pénible.

« Ne fais plus de démarches pour me voir, je crains qu'elles ne t'attirent quelque désagrément et je n'en espère pas de résultat. Cette barrière s'ouvrira par une autre main que la tienne ; et si elle ne s'ouvre pas, nous saurons bien nous y résigner.

« Tu accepteras de bon cœur les compliments qu'on te fait pour moi. Je suis heureux et fier de souffrir quelque chose pour le nom que je porte. Tu sais assez que le coup ne m'a pas surpris, je n'ai pas voulu l'éviter, et je veux le supporter.

« Je n'espère pas la délivrance dont tu me parles, et je ne sais s'il faut craindre quelque chose de la peur, de la colère, du besoin de se compromettre encore davantage. Moins je suis maître de moi, plus je suis dans la main de Dieu ; il arrivera ce qu'il voudra, et il me donnera de faire ce qu'il veut que je fasse. *Omnia possum in eo qui me confortat.* »

Le 29 avril, le P. Caubert nous initie à la vie
de Mazas :

« Ma santé, jusqu'à présent, s'est bien main-
tenue. Du reste j'ai tout ce qui m'est nécessaire
et même au delà. En outre, le moral sert à fortifier le physique, en donnant du courage et des
forces : or c'est ce qui m'arrive, car je me sens
plein de confiance en Dieu, et très-heureux de faire
sa volonté dans ce qu'il me demande actuellement.

« Du reste, le régime de la prison, malgré son
côté austère et sévère, n'est pas en soi nuisible à
la santé. On nous fait prendre l'air tous les jours
pendant une heure, isolément et à notre tour. Les
estomacs délicats peuvent se procurer les aliments
dont ils ont besoin. Deux fois par semaine, on
nous donne du bouillon et un morceau de bœuf.
Il y a dans la maison de la propreté, de l'ordre,
de la régularité. On a pour les prisonniers les
égards qui paraissent convenables ; enfin il y a
dans toute la maison un ensemble qui fait honneur au Directeur, puisque tout dépend de lui,
et qui rend témoignage de sa sollicitude. Tous les
jours on peut aller à la visite du médecin et du
pharmacien. Il y a une bibliothèque renfermant
un assez grand nombre de livres très-variés, et
chacun peut en demander pour s'occuper.

« Quant aux détails du ménage, ce qu'on m'envoie est très-suffisant et je n'ai pas besoin d'autre
chose. Il faut d'ailleurs simplifier les choses, pour
ne pas encombrer ma cellule, où je dois mettre
tout un peu pêle-mêle. »

Vraiment le P. Caubert, aussi bien que ses compagnons de captivité, voyait Mazas du beau côté, parce qu'il le prenait en bonne part. Jamais on ne les surprend à se plaindre de rien, ni de personne : à les entendre, tout est bien, et tout le monde est bon pour eux. Ils souffrent sans doute, mais comme ils patientent, ils souffrent moins que d'autres ; comme ils espèrent, ils souffrent mieux; enfin, comme ils aiment Jésus crucifié, ils jouissent bien plus qu'ils ne souffrent. Le dirai-je pourtant? Avant d'écrire ces lignes, j'ai tenu à faire comme un pèlerinage fraternel, en suivant l'itinéraire de nos martyrs. J'ai donc commencé par Mazas, puisque la Conciergerie a passé par le feu avec la Préfecture de police. J'ai vu ces longues nefs à triple étage, à double galerie rayonnant autour d'un centre, où naguère était une chapelle ; — ah ! si du moins la Commune avait eu l'humanité de laisser aux captifs le divin prisonnier du Tabernacle ! — et des deux côtés, à tous les étages, toutes ces portes armées de verroux et munies du guichet réglementaire ; et ces étroites cellules, dont l'inventaire se fait en un clin d'œil : en face de l'entrée, la lucarne qui mesure l'air et le jour, dans un angle le hamac, vis-à-vis la petite table, avec l'espace suffisant pour la chaise de paille ; au dessus de la porte, une planche en guise d'armoire ; un balai et quelques pièces de grossière faïence complètent le mobilier. Quant au fameux promenoir si souvent mentionné dans nos lettres, qu'on se figure de petits préaux

triangulaires, fermés d'une grille en avant et de
murs sur les deux autres faces, sans abri d'ailleurs, et sans autre siége qu'un cube de pierre
posé dans un coin : les détenus, pendant leur récréation solitaire, ne peuvent entrevoir absolument personne, si ce n'est sur le belvédère du
milieu, le gardien qui les surveille.

Oh ! mes frères, me suis-je dit, pour avoir été
contents à Mazas, il faut que vous soyez de la
race des martyrs !

Nous commençons le mois de mai, mais nous
ne le finirons pas.

Le 1er, le P. Caubert ne nous donne qu'un
mot : « J'ai terminé ma retraite hier. Je com-
mence aujourd'hui le mois de Marie ; ce sera un
repos pour mon âme, et un nouveau motif de
confiance. Priez pour moi. »

Le P. Olivaint, de son côté, fait passer ces
quelques lignes : « Je vous ai écrit vendredi ;
ma lettre s'est donc perdue, joignons ce petit sacrifice aux autres. Je vous demandais Glaire, le
Cours d'Écriture sainte ; le P. Louis Dupont, le
recueil de ses *Méditations*..., mais ne vous fati-
guez pas à chercher : je saurai m'en passer,
comme de tant d'autres choses. Qu'il fait bon de
s'abandonner tout à Dieu ! Mais de lui on ne se
passe pas. — J'admire de plus en plus, dans ma
petite solitude, la bonté paternelle de Dieu.

« Je vous demandais encore gros fil ou petit cordon noir ou rouge, pour coudre des cahiers ;
grosse, grosse aiguille, comme pour un aveugle.

« Merci encore et toujours : je vais toujours bien et toujours content. »

Le 3 mai, nous n'avons qu'un billet du P. Olivaint :

« Cher ami, bien reconnaissant de votre excellent billet d'hier. Je n'ai que de bonnes nouvelles à vous donner. La santé se soutient et je suis au vingt-septième jour de ma retraite. Que Notre-Seigneur est bon ! »

J'aime, je l'avoue, à conserver et à consigner ici tous les détails de cette suprême correspondance, si menus qu'ils puissent paraître. De grandes choses se révèlent quelquefois dans les plus petites. Voilà bien, ce semble, des hommes sérieux, et qui sont tout à leur affaire et jusqu'au bout uniquement occupés du divin service. Ils lisent et ils écrivent, comme s'ils avaient encore à vivre ; ils travaillent au moins pour l'éternité. Que n'avons-nous ces cahiers, cousus avec le *gros fil* et la *grosse aiguille* du P. Olivaint ! Mais la Commune nous a envié cet héritage ; les geoliers affirment que tous les papiers des victimes ont été réduits en cendres.

La journée du 5 mai vit introduire dans le régime cellulaire de Mazas un changement sans conséquence, mais non sans intérêt ; on permit aux prisonniers la lecture de quelques journaux autorisés par la Commune.

Nous avons plusieurs lettres de ce même jour.

Le P. Ducoudray écrit : « Oh ! la bonne prière que nous lisons dans l'oraison du quatrième dimanche après Pâques : ... *ut inter mundanas varietates, ibi nostra fixa sint corda, ubi vera sunt gaudia* [1]. Elle m'a nourri spirituellement avec douceur pendant toute cette semaine.

« Je suis encore plus pessimiste, paraît-il, que les plus pessimistes : ceux-ci, me disiez-vous, posaient la date du 20 comme dernier terme de la guerre civile. Je crains bien qu'il ne faille prolonger jusqu'au 30. Les opérations militaires vont lentement. La guerre au delà des remparts offre des difficultés ; la guerre des rues aura les siennes, bien sanglantes, hélas ! d'après le *Siècle* et la *Vérité* que je lisais ce matin, tout paraît en désarroi et en tiraillements, changements de personnages, arrestations, etc.

« Je n'ai point été interrogé. Convenons de ceci. Si je devais être interrogé, ou plutôt dès que je l'aurai été, si je prévois que je doive être traduit en jugement, j'écrirai par commissionnaire de m'envoyer immédiatement M. X... que je prendrai pour avocat. Les choses en viendront-elles là ? Non, si les événements militaires se précipitent.

« Combien je suis touché et reconnaissant ! La charité pense à tout. Remerciez et faites prier. Ah ! si nous pouvions bientôt remonter à l'autel ! Voilà la privation à laquelle je ne pourrai jamais m'habituer !

« Nous touchons à la semaine des grands évé-

---

[1] Qu'au milieu des vicissitudes de la vie nos cœurs soient fixés là où sont les véritables joies.

nements, ou du moins au commencement des grands événements... Quel châtiment ! Il était attendu. Le voici.

« Faites-moi toujours l'aumône d'un *memento*.

« A vingt-cinq pas de distance, j'ai pu deux fois saluer Alexis (P. Clerc). J'ai aperçu Anatole (P. de Bengy) *a longe*.

« Si nous pouvions dire la sainte Messe le jour de la Pentecôte ! »

A cette époque, le P. Ducoudray aura consommé son propre sacrifice !

On venait d'obtenir en faveur du P. Clerc l'autorisation accordée un peu auparavant pour le P. Ducoudray. Une personne amie avait pu le visiter et même amener avec elle M. Jules Clerc, le frère du prisonnier. Celui-ci exprime ainsi et acquitte sa reconnaissance :

« Ce n'est pas assez de vous avoir remercié une fois, je vous dois trop, et je veux vous remercier encore.

« Je vous dirai, pour cela, la joie que m'a causée votre visite inattendue. Je vous croyais en province, et, pendant ce temps, vous reveniez à Paris ; vous fourrant dans la gueule du loup, vous forciez la porte de cette impénétrable prison. Croyez bien que j'imagine ce que vous ont coûté les démarches qu'il a fallu faire, et puis tous les ennuis et toutes les fatigues de ces dérangements, de ces voyages multipliés de Versailles, de Paris, de Saint-Germain. Mais la charité, dit saint Paul, est *pleine de bénignité, elle ne se recherche pas, elle sait tout espérer et tout souffrir.* Aussi elle surmonte tous les obstacles. C'était donc vous qui deviez abaisser cette barrière inébranlable malgré tous les efforts de mon frère pendant un mois ; car c'est juste après un mois d'emprisonnement que j'ai eu la joie de vous voir. Cela convient : la charité, qui est meilleure, doit l'emporter sur l'amitié fraternelle. Mais quelle attention, et encore quelles peines ! aller chercher et attendre mon frère, pour me l'amener avec vous !

« Voyez, comme Dieu justifie sa Providence dès ce monde, et si les horreurs de ces temps n'ont pas raison d'être, puisqu'elles amènent des dévouements si aimables et si délicats.

« Il faut que je vous dise encore, après ce mois d'une séparation absolue, tandis que j'entends sans cesse, nuit et jour, gronder le canon, quelle consolation c'est de voir ceux qu'on aime et d'apprendre des nouvelles d'un tel intérêt ! De plus, toutes les nouvelles que vous m'avez données sont bonnes. Les coups qui nous ont frappés ne nous ont causé qu'un mal assez limité, nos colléges en seront à peine gênés, tandis qu'un petit nombre, souffrant pour le nom de Jésus, rendra les travaux des autres plus efficaces et plus fructueux.

« J'ai donc rapporté dans ma cellule un cœur bien joyeux. La mortification de la vie solitaire est peu de chose pour un religieux habitué au silence et à l'étude, et dont la vie se passe dans sa cellule religieuse. Mais l'ignorance sur de si grands intérêts est très-pénible, et toute la résignation possible à la volonté de Dieu ne peut ni ne doit nous y rendre indifférent.

« Comment donc faire pour vous témoigner quelque reconnaissance? Je veux continuer mon office auprès de vous, vous exciter à la fidélité à vos résolutions, et surtout à vous rapprocher toujours davantage de Notre Seigneur, non-seulement spirituellement, par la prière et la pratique de tous vos devoirs, ainsi que de vos œuvres de charité, mais encore de vous en rapprocher corporellement par la sainte communion. Ici pas de confession, pas de messe, même le dimanche. Nous sommes logés, nourris ; c'est assez pour des animaux. Profitez des sacrements qui vous sont offerts.

« Sauriez-vous me dire pourquoi nous qui sommes capables, et si facilement, de sentiments dévoués et affectueux, nous sommes froids à l'égard de Notre-Seigneur? N'a-t-il pas le cœur le plus généreux, le plus délicat et le plus tendre? Il n'y a rien de bon en aucun homme, qui ne soit bien plus excellemment en lui ; il le faut aimer de toutes nos forces. »

Enfin le P. Olivaint envoie ce bulletin toujours à la date du 5 mai :

« J'espère que ce mot vous parviendra. Comme je vous remercie de toutes vos bontés ! Je mets ma reconnaissance à compter tout à fait sur vous. J'en suis bien sûr, vous voulez de mes nouvelles avec quelques détails. Je me croirais ingrat envers vous, si je ne vous disais rien. Les rhumatismes sont revenus, mais je suis resté maître, et

il n'en est plus question. Ma bronchite n'a pas
reparu. Je tousse le matin, mais très-peu. Je ne
me sens pas la poitrine fatiguée.

« Mais passons à un autre sujet. Je suis au
trente-unième jour de ma retraite. Pour me reposer un peu, je n'ai fait aujourd'hui que trois méditations. Ah ! si je pouvais, au spirituel, avoir
cette ardeur du généreux Basque qui a fait le
livre des Exercices ! Toutefois je bénis Dieu,

« Je garde vos livres de l'autre jour : vous avez
eu la main heureuse.

« Tâchez de me procurer : 1o la *Théologie dog-
matique* du P. Shouppe ; 2o quelque chose de
sainte Thérèse.

« Je pense que plusieurs des nôtres sont dans la
même division que moi. Mais nous n'avons aucun
rapport. C'est la solitude complète.

« Nos surveillants sont très-honnêtes et très-
bons. Ils nous remettent avec beaucoup de com-
plaisance les petits soulagements que l'on nous
apporte. Le plus dur, c'est d'être sans nouvelles
de tous ceux auxquels on s'intéresse. Mais il y a
au troisième livre de l'Imitation un chapitre dix-
septième, qui me fait rentrer dans l'abandon de
plus en plus..... »

Au 6 mai, je rapporte cet extrait du P. Clerc :
« Je n'ai à souffrir de rien, excepté de l'ignorance
de ce qui se passe. J'ai des livres et le temps
disparaît presque aussi vite qu'ailleurs, entre la
prière, la lecture et l'étude ; pour le linge et les
aliments, la charité ne nous laisse manquer de

rien. Qu'on ne s'inquiète de moi nulle part.

« J'ai entendu parler de propositions d'échange entre certaines personnes. *Absit!* Je ne veux pas. Je patiente très-bien, et le ferai tant qu'il faudra. Mais il y a tant de raisons pour refuser un échange ! Oh ! non,

« Dites à la main charitable qui nous nourrit, de moins me prodiguer ses bienfaits. C'est flatteur pour elle, quoique honteux pour moi : *j'engraisse !* Pourrai-je sortir de ma cellule, quand viendra l'heure de la délivrance? Ma cellule, oh ! horreur ! est-elle une mue? Enfin je n'ai pas besoin de tant de choses. »

Le 7 mai, nous avons ces mots du P. Olivaint : « Je continue d'aller bien. Je poursuis ma retraite. Je deviens Chartreux. De cœur à tous.... »

Et ces lignes du P. Ducoudray : « Je passe mon temps à beaucoup prier, un peu à souffrir; car la privation de la sainte messe, l'isolement, la séparation sont choses cruelles ; puis je ne vois pas la fin. Nous sommes ici en qualité d'otages, nom qui laisse peser sur notre situation un vague indéfini et des attentes indéterminées. Bref, nous sommes entre des mains qui feront de nous ce qu'elles voudront, d'après les circonstances. Priez et faites beaucoup prier. D'après mon appréciation, il me semble que la situation peut se prolonger encore trois, quatre semaines ; que les choses ne sont pas en train de s'améliorer. C'est une vraie guerre civile avec toutes ses horreurs.

« Vous savez comme j'estime vos appréciations ;

donnez-les moi, sans rien dissimuler sur notre situation propre et sur la situation générale. Mille choses à tous, à la ville comme à la campagne. Souvenir bien affectueux au Dr M. J'espère que de notre séjour ici, il en sera comme des chaînes de saint Paul : *ad profectum venerunt Evangelii, ita ut vincula mea manifesta fierent in Christo* [1]. Quand je fus transferré de la Conciergerie à Mazas, je méditais de bon cœur : *cum sceleratis reputatus est* [2].

« Vous devinez combien je pense à vous, combien je vis de cœur avec vous. Donnez-moi chaque jour place au *memento* de votre messe. »

Le 8 mai, on promulguait à Mazas un nouvel arrêté, émané de la Commune, qui supprimait le parloir, jusqu'à nouvel ordre, pour tous les prêtres otages, et le maintenait seulement pour les détenus politiques laïques. Le citoyen Garreau venait d'être nommé directeur de Mazas ; c'était son don de joyeux avènement. Cette mesure inopinée fut pour le P. Ducoudray l'occasion du plus grand de tous les sacrifices; on le comprendra sans peine, quand on saura que ce jour-là même il attendait la visite promise de Notre Seigneur en personne. Encore sous le coup, il écrit : « Quel sacrifice ! j'ai offert à Notre Seigneur cette dure épreuve, hier incomparablement plus pénible que jamais,

---

[1] Elles ont servi au progrès de l'Évangile, en sorte que mes liens ont été célèbres par Jésus-Christ (Philip. I, 12, 14).
[2] Il a été mis au rang des criminels (Isaïe, LIII, 12).

à raison du précieux gage d'amour du divin Maître. J'essaie de faire de mon pauvre cœur un autel sur lequel je sacrifie. J'ajoutais hier nouvel aliment au sacrifice. N'est-ce pas le meilleur usage que je puisse en faire ? »

Cependant, ce même jour, le P. Ducoudray, tout plein de ses regrets, d'ailleurs sérieux sans doute et ferme comme un homme, mais vrai et simple comme un enfant, avait besoin d'épancher son cœur. Il adresse à un de ses frères une lettre si intime, qu'il l'appelle « un compte de conscience ».

Ah! frère de mon âme, divulguer vos secrets, à cette heure, ce n'est plus vous trahir, mais seulement glorifier en vous le Dieu qui vous a donné sa grâce, et j'espère, sa gloire.

« Voici, dit-il d'abord, mon petit règlement de chaque jour : cinq heures, lever, puis balayage, nettoyage... Six heures, oraison, que je prolonge d'ordinaire jusqu'à sept heures et demie ou huit heures. Huit heures, matines et laudes, prime et tierce. Huit heures trois quarts, un chapelet. Neuf heures, déjeuner, matines et laudes de l'office de la sainte Vierge. Dix heures, pendant une demi-heure, j'assiste, en esprit et en union, à la sainte messe qui se célèbre à cette heure, et je fais un quart d'heure d'action de grâces. Onze heures trois quarts, examen. Midi, deuxième chapelet que je récite toujours pour notre chère communauté. Puis lecture des journaux. Vers deux heures, je lis, ou je travaille en prenant des notes jusqu'à quatre heures. Ajoutez qu'entre neuf heures et quatre heures, d'une manière très-variable, vient s'intercaler une heure où l'on nous conduit au promenoir, espace grand comme la moitié de notre salle de récréation, où l'on se meut seul entre deux murs. Quatre heures, j'achève les petites heures, je récite vêpres et complies du grand office et de l'office de la sainte Vierge. Cinq heures, je dîne et fais mon petit ménage. Six heures, lecture spirituelle et un peu d'exercice dans ma cellule longue de cinq à six mètres et large de deux. Sept heures, un peu de journal. Sept heures et demie, préparation de l'oraison. Sept heures trois quarts, examen. Huit heures, troisième chapelet qui complète le Rosaire. Huit heures un quart, litanies. Huit heures et demie, je dresse mon hamac et je fais mont lit. Huit heures trois quarts, coucher. Voilà la journée.»

Vraiment dans cet ordre du jour, il y a peu de place laissé à la fantaisie, c'est la prière en permanence, et il me semble que les murs de Mazas se seront étonnés de l'ascétisme de ces hôtes si nouveaux pour eux.

Mais voici une autre confidence encore plus précieuse, parce qu'elle est aussi plus intime. Le P. Ducoudray nous introduit jusque dans son cœur. Eh bien ! là, il ne s'en cache point, il y avait quelquefois de la souffrance, pour qu'il y eût toujours de la patience. On aura beau dire et beau faire, la prison sera toujours la prison, et Mazas ressemblera plus à un Calvaire qu'à un

Paradis. Après tout le chrétien n'est pas un stoï-
cien, et le martyr lui-même éprouve les faiblesses
de la chair, pour les surmonter par la vigueur de
l'esprit.

« Ce pauvre cœur ! écrit-il, il serait bien tenté
de s'échapper quelquefois et de bondir. L'imagination se mettrait volontiers de la partie. Tous
les deux ne se laissent pas dominer par la raison,
autant que je le voudrais. De là, à certaines
heures, certains accès ou trépignements d'ennui,
des souffrances de l'âme qui la jettent dans la
langueur, le découragement, l'inquiétude et le dé-
goût. *Magnum est et valde magnum, tam hu-
mano quam divino posse carere solatio, et pro
honore Dei, libenter exilium cordis velle susti-
nere* [1]. Ce sont là des choses qui ne se comprennent
que quand elles se sentent. J'avais eu la bonne
idée de mettre dans ma poche, en quittant la maison, un petit livre contenant le *Novum testamen-
tum* et l'Imitation. J'ai beaucoup lu saint Paul ;
quel grand et admirable cœur ! La lecture bien
sentie dilate l'âme, puis il a été *in laboribus plu-
rimis, in carceribus abundantius* [2], comme il
l'écrit lui-même. Et moi, qui ne suis encore qu'à
carcere uno, je me vanterais de souffrir quelque

---

[1] C'est une grande, une très-grande vertu que de
savoir se passer de toute consolation tant humaine que
divine, et de soutenir volontiers pour la gloire de Dieu
l'exil du cœur (*Imit.* l. II, c. IX).

[2] Plus que personne dans les travaux et surtout dans
les prisons (II Cor. XI, 23).

chose! Mais si nous sommes de ceux dont il est
écrit: *eritis odio omnibus propter nomen meum* [1],
que nos tribulations sont encore mesquines, com-
parées à celles du grand apôtre ! »

Pendant ce temps-là, le P. Caubert était si consolé, qu'il avait encore de quoi consoler les autres:
« Vous me demandez quelques bonnes paroles qui
relèvent l'âme. Je souhaite que le bon Dieu vous
donne les dispositions qu'il m'accorde en ce moment. Je vis au jour le jour, sans inquiétude,
plein de confiance, très-heureux d'accomplir ce
que Dieu me demande, avec un abandon complet
entre ses mains pour l'avenir, et disposé à ne rien
lui refuser. Je me remets souvent devant les yeux
ma vocation, qui est de prier et de souffrir pour le
salut des âmes, et j'implore les bénédictions de
Dieu sur Paris et sur la France. »

Le 9 mai, deux billets du P. Olivaint, d'abord
à un de ses frères : « Bien cher ami, écrivez-moi
souvent; c'est une vraie consolation pour moi. Je
vous demanderai maintenant un Gury, *Théologie
morale,* et Darras, la petite histoire de l'Église.

« Santé bonne, et la retraite va bien toujours ;
c'est assez vous dire que je n'engendre pas mélan-
colie. *Fiat !* »

De plus, il mande à une autre adresse: « Ne
vous inquiétez pas pour les aliments chauds. J'ai
quelquefois fait apporter du chaud par le commissionnaire, mais le froid ne me fait pas mal,

[1] Vous serez en butte à la haine de tout le monde à
cause de mon nom (Matth. x, 22).

C'est étonnant comme on se façonne à tout! Dites-vous bien qu'après tout, je ne suis guère à plaindre. Je reçois bien plus qu'il ne me faut, Toutefois j'ai une grande consolation, c'est, quand j'ai trop, d'envoyer quelque chose à ces malheureux auxquels personne ne s'intéresse. Si je pouvais donc aussi facilement les aider à trouver la vie de l'âme ! »

Enfin sous la même date du 9 mai, je trouve cette lettre du P. Caubert: « Je ne sais trop pourquoi je me suis trouvé amené à vous parler de la tranquillité et de la confiance que Dieu m'accorde, dans sa bonté. Je pense que c'était pour vous rassurer un peu sur mon compte, en vous montrant que Dieu est toujours avec ses serviteurs au milieu de l'épreuve, afin de les fortifier. Mais le soutien intérieur est un don de Dieu, et cela n'empêche pas la nature de sentir quelquefois qu'elle aimerait mieux ne pas se trouver entre quatre murs. Aussi ces défaillances servent à me faire mieux comprendre que mon courage n'est pas de moi, et que je dois en remercier Dieu, l'auteur de tout don et de tout bien. Ce qui sert beaucoup à relever l'âme dans les épreuves, c'est de penser souvent à l'amour de Dieu pour nous: que de témoignages on en trouve, quand on rentre en soi-même! C'est aussi d'avoir confiance dans l'action de la Providence divine, qui est toujours miséricordieuse, malgré ses rigueurs apparentes. Car Dieu, qui est notre Père et qui nous aime, se propose toujours, dans toutes nos épreuves, le bien de nos

âmes, c'est-à-dire de nous guérir, de nous perfec-
tionner et de nous faire arriver au bonheur du
ciel. Quand on est pénétré par la foi de cette vérité, on espère contre toute espérance, et on s'ef-
force de persévérer dans la prière, qui obtient la
patience et l'abandon filial entre les mains de
Dieu. Je tâche de me pénétrer de ces vérités qui
dilatent l'âme et nourrissent la confiance, au milieu de toutes les circonstances quelles qu'elles
soient. La providence de Dieu est si admirable,
elle emploie des ressorts si inattendus, si opposés
en apparence à ce qu'on désire! Quand tout semble
perdu, c'est alors que Dieu se montre, afin que
nous ne comptions que sur lui seul. Qui n'en a
pas fait l'expérience, au milieu de ces épreuves,
souvent si pénibles et si prolongées, dont la vie
est remplie? Priez pour moi! »

10 mai. — Je réunis sous cette seule et même
date toutes les lettres que le P. de Bengy adressait
alors à sa famille, à madame la comtesse de Fou-
cauld, sa sœur, à madame la comtesse de Mont-
saulnin, sa tante, et enfin à sa digne et vénérable
mère. Content et confiant, sans peur ni reproche,
il ne sait que répéter : « Je me porte à merveille ;
je n'ai pas, depuis le 3 avril, éprouvé la moindre
douleur physique. Je suis aussi bien traité que
possible et ne m'ennuie pas. Je suis très-habitué
au pain de la prison et dors parfaitement dans
mon hamac. Je suis, me semble-t-il, calme et
résigné. »

Le 11 mai, le P. Caubert rend compte de la

visite qu'il vient de recevoir du Ministre plénipotentiaire des États-Unis : « Il paraît, dit-il, que je lui ait été recommandé par une personne de sa connaissance. Il est venu savoir très-cordialement, en vrai Américain, comment je me portais, et si j'avais besoin de quelque chose. »

Le 12 mai, le P. Olivaint écrit : « Aujourd'hui, un mois que je suis à Mazas! Ah! certes, je n'avais pas prévu que j'y viendrais jamais. Après tout, quand on y vit avec Dieu, on peut se trouver bien, même à Mazas.

« J'ai reçu votre lettre et aussi vos provisions : merci encore, encore et encore! Mais remarquez bien : *petits pots et petites boîtes, plutôt que grandes boîtes et grands pots.* — Je ne suis pas en peine de m'occuper. Trente-huitième jour de ma retraite. J'aurai donc aussi mes quarante jours au désert ; et mieux que cela. Mais le jeûne manque et vous ne pouvez pas vous flatter d'avoir imité les Anges, vous qui venez si vite me secourir. Que Notre-Seigneur ne vous laisse pas non plus languir, et qu'il vous donne bien vite au dedans la force et la vie. Courage et confiance, toujours et quand même... ma vieille devise, toujours nouvelle. »

Je dois ici, et je crois pouvoir maintenant expliquer un passage énigmatique de cette lettre, c'est cette préférence singulière du P. Olivaint pour les *petites boîtes* et les *petits pots.*

Eh bien! sous ce règne de la liberté, où Dieu lui-même et Dieu surtout ne pouvait passer qu'à l'ombre du mystère, c'était ni plus ni moins la formule convenue pour désigner la sainte Eucharistie. Nos captifs de Mazas étaient affamés du *Pain des forts*. Mais il fallait les préparatifs les plus délicats, des précautions infinies pour garantir la transmission fidèle et sûre au travers des formalités de la surveillance. Enfin que ne peut pas la prudence industrieuse de la charité? Encore un peu, nous allons trouver Jésus à Mazas.

Le P. Caubert écrivait aussi le même jour : « Je suis très-reconnaissant des prières que l'on a la charité de faire pour moi. C'est à elles que j'attribue les dispositions où je me trouve, au milieu de l'épreuve à laquelle il a plu à Dieu de me soumettre. Je sens mon âme se ranimer, quand je pense que je ne suis pas seul à prier, à souffrir, et à m'offrir à Notre-Seigneur. J'aime à me sentir appuyé par les prières et les mérites des autres. Je rappelle à mon souvenir la pensée de ceux auxquels la charité de Notre-Seigneur m'unit d'une manière plus intime. Je les cherche au ciel et sur la terre, et ce souvenir de tous les amis du cœur de Notre-Seigneur me remplit de consolation et me donne la confiance que mes prières seront exaucées.

« Les méditations de ce mois sont aussi bien propres à élever l'âme et à la fortifier. En étudiant le cœur de la sainte Vierge, on ne voit en elle qu'oubli entier d'elle-même, amour pur de Dieu et générosité dans le sacrifice, pour accomplir en toutes choses la volonté de Dieu; et alors, comme par un attrait spécial de la grâce attachée à cette étude de la vie intérieure de la sainte Vierge, l'âme se sent comme entraînée, suavement et fortement, à vouloir pratiquer les mêmes vertus, afin de plaire à Dieu et de le glorifier. Je me suis proposé cette étude pour ce mois-ci, cela m'occupe utilement, et cela m'aide encore pour recommander souvent à la sainte Vierge Paris et la France.

« Priez pour moi, afin que le courage se maintienne, car c'est un don qu'il faut demander à Dieu. »

Le 13 mai, nous avons quelques bonnes paroles du P. Caubert: d'abord il est content dans sa cellule : « Elle est au midi, bien éclairée, je ne puis apercevoir que le ciel, mais c'est quelque chose, quand on a l'habitude d'élever son âme vers Dieu. Un prisonnier est bien à plaindre, quand il n'a pas la foi, ni l'habitude de prier, il doit bien souffrir de son isolement! Mais avec la foi, quelle différence! L'âme n'est plus seule, elle peut s'entretenir avec Dieu, notre Père du ciel, avec Notre Seigneur, son sauveur et son ami, avec les Anges, ses frères. Dans ses moments de défaillance (car chacun a les siens) l'âme se ranime et se fortifie par la prière, et elle ne tarde pas à retrouver, par le secours de la bonté de Dieu, la force, la consolation et la confiance. »

De plus, il espère bien de l'avenir : « J'ai la conviction, écrit-il, que l'on verra bientôt tous les cœurs s'entendre et s'unir dans un même esprit de concorde et de charité. Sans doute ce sera un grand bonheur pour tous. Mais aussi nous avons besoin de demander avec instance cette grâce à Dieu ; car ce changement admirable dépend surtout de sa miséricorde infinie et de sa toute-puissance. Dieu n'est-il pas le maître des cœurs et notre Père à tous ?

« J'avoue que dans ma cellule de prisonnier, cette pensée me soutient et me console, et m'aide à supporter plus d'un ennui. Du reste le bon Dieu me donne, avec une grande tranquillité d'âme, la confiance la plus entière en lui, un abandon filial entre ses mains et le courage pour accomplir sa volonté dans la situation où je me trouve. »

Tels étaient encore les sentiments du P. Caubert lorsque, la semaine suivante, il reçut la visite de M. Rousse, bâtonnier de l'ordre des avocats, auquel la famille de notre confrère n'était pas inconnue et qui s'était chargé de grand cœur de présenter sa défense à la barre de la Commune. Ils se virent dans le parloir des avocats ; le P. Caubert étaient en habits bourgeois ; il avait la barbe et les moustaches entières, et cet accoutrement insolite, joint à son extérieur chétif, fit hésiter tout d'abord son visiteur, qui ne le connaissait pas personnellement. M. Rousse a consigné, dans des notes que nous avons sous les yeux, les impressions qu'il a rapportées de cette entrevue : « Je me nommai. Nous échangeâmes nos souvenirs. Sans nous connaître, nous étions en pays ami. Nous parlâmes de son père, qui avait été un de mes anciens quand je vins au

barreau, de son frère le colonel, qui a été mon
camarade de collége à Saint-Louis. Puis, spontanément, sans qu'il me fit aucune question sur sa
position, je lui dis comme aux autres (Mgr l'archevêque de Paris et M. Deguerry) ce que je sa-
vais et ce que j'espérais. Il m'écoutait avec l'indifférence la plus sincère, souriant toujours et
ayant l'air de penser : A quoi bon tout cela? Enfin il me dit : « Je vous remercie beaucoup de ce
que vous faites. Il en sera ce qu'il plaira à Dieu.
S'ils veulent nous tuer, ils en sont les maîtres. »
Et, s'éloignant tout de suite de lui et de ce qui le
regardait : « C'est une bien grande épreuve pour
le pays, me dit-il, et qui le sauvera. » Comme je
lui exprimais mes doutes à cet égard : « Quant à
moi, me dit-il avec le plus grand calme, je ne
doute pas, je suis sûr, je crois fermement que la
France sortira de là régénérée, plus chrétienne
et par conséquent plus forte qu'elle n'a jamais
été. »

M. Rousse termine sa relation en ces termes :
« Au bout d'une demi-heure, un peu moins peut-
être, je me levai un peu gêné et ne trouvant pas
grand'chose à dire à un homme si fermement
trempé et dont le courage me semblait si fort au
dessus du mien. »

Le 14 mai, voici un souvenir du P. Olivaint :
« Un mot pour faire droit à votre aimable récla-
mation. — Merci encore, je dois toujours commencer par là. Sachez bien que je n'oublie pas

mes amis ; comme j'ai plus de temps, je prie pour
eux davantage.

« Voilà pourtant six dimanches passés à l'ombre
Que de jours sans monter à l'autel ! ah ! quand on
est privé d'un bien, comme on en sent mieux encore le prix !

« Je reste toujours au rez-de-chaussée. Je ne
manquerais pas de réclamer auprès du médecin,
M. de Beauvais, si vraiment j'avais besoin d'un
changement pour ma santé. Autrement j'aime
mieux prendre les choses comme la Providence
les a faites, et si je réclame quelque chose, c'est
que je croirai suivre les indications de la Providence elle-même. Il me semble que j'entends
Notre-Seigneur me dire : laisse-moi faire de toi
tout ce que je voudrai. *Amen !* »

15 mai. — Au milieu du mois consacré à Marie, enfin se lève un beau jour, journée de grâce
et de joie, qui en présageait une autre désormais
prochaine de sacrifice et de gloire. Les captifs
de Mazas ne cessaient de redire au ciel et à la
terre: *Veni, Domine Jesu !* Ah ! venez donc, Seigneur Jésus. *Etiam, venio cito !* Oui, fut-il répondu, voilà que je viens. En effet, tout à coup
les portes s'ouvrirent, les prisonniers ne sortirent
point, mais Jésus entra.

Cependant dans la matinée de ce jour béni, le
Désiré n'avait point encore paru.

Le P. Clerc écrivait avec son allégresse ordinaire : « Votre petit mot me fait grande consolation et grande joie ; je vous en suis bien recon-

naissant et vous prie de me continuer, comme vous saurez le faire, ce bon secours. Vous m'en faites espérer de plus grands, à la bonne heure ! Dieu est si bon pour nous !

« Je continue à faire des mathématiques et à préparer mon cours ; et quand on a fait ses exercices de piété, la journée a disparu. J'entrevois un rayon de lumière et j'espère de meilleurs temps pour notre malheureuse patrie. Je suis, pour le présent, toujours content d'être en prison, ainsi soyez rassuré sur moi. — Que Dieu vous bénisse pour votre charité ! Mes compliments et mes souhaits affectueux pour tous nos amis en Notre-Seigneur.

« Oh ! que la séparation fait sentir où le cœur a mis son amour ! »

Le P. Olivaint, de son côté, envoyait au P. Lefebvre, resté portier et gardien de la maison de la rue de Sèvres, ce message plein de désirs : « Votre lettre m'a été remise, rassurez-vous donc. Que je remercie M. le Directeur d'avoir laissé passer cette lettre ! Et que je vous remercie, vous, si tristes qu'elles soient, de me donner des nouvelles ! Elles ont cet avantage, en m'arrivant, quand elles sont si tristes, de m'exciter à prier encore plus, à m'offrir encore mieux à Dieu, pendant les jours de cette réclusion bénie.

« Quelle Providence que vous ayez pu rester là-bas ! Comme il est manifeste pour moi que le Seigneur a tout conduit ! — Me voilà au quarante et unième jour de ma retraite. A partir

d'aujourd'hui je ne vais plus méditer que sur
l'Eucharistie. N'est-ce pas le meilleur moyen de
me consoler de ne pouvoir monter à l'autel ? Si
j'étais petit oiseau, j'irais tous les matins entendre la messe quelque part et je reviendrais
après volontiers dans ma cage.

« Dites à tous bien des choses de ma part. Un
mot surtout à Armand. Comme je pense à lui ! Il
souffre plus que moi, j'en suis bien sûr, et son
ami aussi. »

Vers le milieu du jour seulement arrivaient à
Mazas les petits pots et les petites boîtes si longtemps attendues. C'est tout dire. Il y en avait
pour les PP. Olivaint, Ducoudray et Clerc ; mais
point, hélas ! cette fois, pour les PP. Caubert et
de Bengy ; on n'avait point encore su lier la
partie de leur côté. Chacun des trois privilégiés
recevait pour sa part quatre saintes hosties, et
chacun d'eux devait conserver et porter sur sa
poitrine, comme sur un autel vivant, *le Dieu de
son cœur et son partage pour l'éternité*. — Les
prisonniers avaient été prévenus de l'ingénieuse
et audacieuse tentative, et devaient aussitôt avertir
du succès.

Le P. Olivaint se hâte d'envoyer dans la soirée
du 15 mai ce petit mot d'avis :

« Je n'attendais plus rien aujourd'hui. Ma surprise et je dirai ma consolation n'en a été que
plus grande. Merci donc encore ! Un gros, un
énorme merci !

« Je me suis occupé longtemps du Saint-Esprit,

dans ma retraite ; je vais maintenant méditer sur l'Eucharistie. »

La joie du 15 mai ne pouvait être sans lendemain. Le 16 mai, ce n'est à Mazas qu'un cri de reconnaissance. Le P. Clerc mande à un de ses frères :

« Mon cher ami,

« Présumant l'inquiétude presque anxieuse où l'on est de l'envoi qui nous a été fait ce matin, j'ai fait tout ce que j'ai pu pour vous en tirer. J'ai écrit à ce sujet à mon frère une lettre qui est partie déjà, je crois. Toutefois je doute que mon frère soit à Paris et aussi qu'il comprenne bien l'importance de la commission que je lui donne, l'ayant fait en mots à double sens. Aussi je prépare à tout événement ce petit mot pour vous.

« Tout est arrivé en parfait état, et tout était disposé avec une industrie et une adresse admirables. J'aime mieux laisser à votre piété de se retracer ma joie que d'essayer de le faire par ma plume. Mais je crois bien pouvoir dire que je défie tous les événements. Il n'y a plus de prison, il n'y a plus de solitude et j'ai confiance que si Notre-Seigneur permet aux méchants de satisfaire toute leur haine et de prévaloir pendant quelques heures, il prévaudra sur eux en ce moment-là même et glorifiera son nom par le plus faible et e plus vil instrument.

« Bénissons Dieu de toutes nos forces, parce

que ses bienfaits sur nous sont redoublés. Adieu.
Pat et osculum in Christo [1]. »

ALEXIS CHRISTOPHE [2] CLERC, S. J.

« *P. S.* J'ai été touché en disant Vêpres, portant Notre Seigneur sur mon cœur, de l'oraison
du bon Paschal Baylon [3]. Oh ! qu'il aurait su
autrement apprécier et reconnaitre la grande
grâce que Notre Seigneur fait à son indigne serviteur.

« Je n'ai reçu, aujourd'hui vendredi, que les
aliments du corps, et du linge ; je serai obligé de
fractionner ma dernière hostie. »

Mais voici du même jour, et encore pour le
même objet, la dernière lettre du P. Clerc, et
vraiment son *nunc dimittis*.

« Ah ! mon Dieu, que vous êtes bon ! Et qu'il
est vrai que la miséricorde de votre cœur ne sera
jamais démentie !

« Et nous, que de remerciements, que d'actions

---

[1] Je vous souhaite la paix et vous embrasse en Notre-
Seigneur.

[2] On sait que ce nom signifie *Porte-Christ*.

[3] Voici cette oraison : « *Deus, qui beatum Paschalem,*
« *Confessorem tuum, mirifica erga Corporis et Sangui-*
« *nis tui sacra mysteria dilectione decorasti : concede*
« *propitius, ut quam ille ex hoc divino convivio spiri-*
« *tus percepit pinguedinem, eamdem et nos percipere*
« *mereamur.* » — « Seigneur, vous qui avez doué votre
bienheureux confesseur Paschal d'un admirable amour
envers les sacrés mystères de votre Corps et de votre
Sang, daignez nous accorder la grâce que notre âme
aussi bien que la sienne se fortifie et s'engraisse à ce
divin banquet. » *(Breviar. roman, 17 mai)*

de grâces ne vous devons-nous pas ? Après avoir mille et mille fois répété l'expression de mon inexprimable reconnaissance, et vous avoir offert à un titre nouveau les faibles services d'un cœur cependant sincère et dévoué, il me restera de souhaiter que le don que vous me faites vous soit toujours fait à vous-même, et surtout aux jours des épreuves.

« Je n'avais pas osé concevoir l'espérance d'un tel bien ! posséder Notre Seigneur, l'avoir pour compagnon de ma captivité, le porter sur mon cœur et reposer sur le sien, comme il l'a permis à son bien-aimé Jean. Oui, c'est trop pour moi, et ma pensée ne s'y arrêtait pas. Et cependant cela est. Mais n'est-il pas vrai que tous les hommes et tous les saints ensemble n'auraient non plus jamais osé concevoir l'Eucharistie ? Oh ! qu'il est bon, qu'il est compatissant, qu'il est prévenant, le Dieu de l'Eucharistie.

« Ne semble-t-il pas nous faire encore ce reproche : *Vous ne demandez rien en mon nom, demandez donc et vous recevrez.* Je l'ai sans l'avoir demandé ; je l'ai et je ne l'abandonnerai plus, et mon désir de l'avoir, éteint faute d'espoir, est ranimé et ne fera que grandir à mesure que durera la possession.

« Ah ! prison, chère prison, toi dont j'ai baisé les murs en disant : *bona crux !* quel bien tu me vaux ! Tu n'es plus une prison, tu es une chapelle. Tu ne m'es plus même une solitude, puisque je n'y suis pas seul, et que mon Seigneur

5.

et mon Roi, mon Maître et mon Dieu, y demeure
avec moi. Ce n'est plus seulement par la pensée
que je m'approche de lui, ce n'est plus seulement
par la grâce qu'il s'approche de moi ; mais il est
réellement et corporellement venu trouver et
consoler le pauvre prisonnier. Il veut lui tenir
compagnie ; il le veut, et ne le peut-il pas, puisqu'il est tout-puissant ? Mais aussi que de merveilles pour venir à bout d'un tel dessein ! Et
vous entrez dans ces merveilles de la tendresse
du cœur de Jésus pour son indigne serviteur.

« Oh ! dure toujours, ma prison, qui me vaut
de porter mon Seigneur sur mon cœur, non pas
comme un signe, mais comme la réalité de mon
union avec lui ! Dans les premiers jours, j'ai
demandé avec une grande instance que Notre
Seigneur m'appelât à un plus excellent témoignage de son nom. Les plus mauvais jours ne sont
pas encore passés ; au contraire ils s'approchent
et ils seront si mauvais que la bonté de Dieu
devra les abréger, mais enfin nous y touchons.
J'avais l'espérance que Dieu me donnerait la force
de bien mourir ; aujourd'hui mon espérance est
devenue une vraie et solide confiance. Il me semble
que je peux tout en celui qui me fortifie et qui
m'accompagnera jusqu'à la mort. Le voudra-t-il ?
Ce que je sais, c'est que, s'il ne le veut pas, j'en
aurai un regret que la seule soumission à sa volonté pourra calmer.

« Mais s'il le veut, comme vous aurez eu une

grande part à ce bienfait de la force qu'il m'aura
prêtée ! »

Le P. Ducoudray nous donne aussi sa dernière
lettre : il finit, l'*alleluia* dans le cœur et le *fiat*
sur les lèvres.

« J'ai *tout* reçu. Mardi, quelle surprise ! quelle
joie !... Je ne suis plus seul, j'ai Notre-Seigneur
pour hôte dans ma petite cellule... Et c'est vrai,
credo ! Mercredi, je me suis cru au jour de ma
première communion et je me suis surpris fon-
dant en larmes. Depuis quarante-cinq jours, j'étais
privé d'un si riche bien, de mon seul trésor !

« Je me renferme dans le cénacle, et je voudrais bien, après ces dix jours qui nous séparent
de la Pentecôte, revoir la lumière du ciel. D'ici là,
que d'événements peuvent surgir ! Nous touchons
au bas fond de la crise, mais si elle se prolonge,
nous pouvons craindre des abominations. Je ne
puis m'empêcher parfois d'être très-impressionné
de me trouver lié à des circonstances si graves.
Mais ici nous faisons une bonne retraite qui nous
facilitera l'entrée de l'éternité. Dès le premier jour
de mon arrivée ici, je me suis tenu prêt à tous les
sacrifices. Car j'en ai la douce et forte confiance,
si Dieu fait de nous, prêtres et religieux, des
otages et des victimes, c'est bien *in odium fidei*,
in odium nominis Christi Jesu [1].

« Prions, prions beaucoup, disposé à vivre, s'il

---

[1] En haine de la foi, en haine du nom de Jésus
Christ.

plaît à Dieu, à mourir, s'il plaît à Dieu, en bon fils
de notre bienheureux Père S. Ignace.

Heureuse la plume qui s'est brisée après ces
dernières lignes !

17 mai. — Désormais il nous reste peu de jours
et peu de lettres. Nos correspondants de Mazas
vont nous manquer,

Cependant le P. Caubert, frustré naguère des
largesses divines, écrit encore :

« Il faut bien reconnaître que c'est vraiment
Dieu qui nous donne le courage de nos épreuves,
autrement le courage s'userait bien vite. Pour
moi, j'ai besoin de recourir souvent à la prière
pour renouveler le mien, comme on fait pour une
mauvaise horloge qu'il faut remonter souvent.
Dans une vie inoccupée, isolée, séquestrée, l'ennui
arrive vite. On se fait bien un règlement, mais on
ne peut pas toujours lire ou prier. Pendant ma retraite que j'ai fait durer trois semaines, je n'avais
pas beaucoup le temps de m'en apercevoir, mais
depuis, je ne suis plus soutenu par la même dose
d'oraison. Vous comprenez que dans cette vie
monotone, pour peu que le bon Dieu cache sa
présence (ce qui est habituel, afin de rendre l'é-
preuve plus grande) on doit sentir souvent les
défaillances de la nature. Mais c'est précisément
le sentiment de cette faiblesse qui nous ramène
sans cesse vers Dieu. Le bon Dieu est admirable
dans sa manière de soutenir l'âme par ses défaillances mêmes. Notre faiblesse est comme un
lien qui nous rattache à sa force et comme

un attrait qui nous appelle à sa bonté infinie·

« Vous me dites que je dois souffrir. C'est un peu vrai : mais si on n'avait rien à souffrir, le bon Dieu n'y trouverait pas son compte. Il désire faire miséricorde à tous, mais il veut qu'on lui offre, dans ce but, quelques souffrances endurées par amour pour lui. Hélas ! si on n'était pas captif, peut-être (je parle pour moi), on oublierait trop facilement que la charité nous demande d'avoir compassion des pauvres pécheurs, et d'offrir quelques sacrifices à leur intention. Et puis le prêtre n'est-il pas l'ami de Dieu, et à ce titre, ne doit-il pas se dévouer, pour obtenir la réconciliation de ses frères avec Dieu, le Père de tous, Père si plein de bonté et si porté à l'indulgence, quand surtout il se voit comme importuné par la prière d'un ami? Unissons-nous donc dans la prière pour faire cette sainte violence à Dieu, surtout dans ce mois, où la sainte Vierge se charge de présenter nos prières à son fils Notre Seigneur Jésus-Christ et nous provoque ainsi à une confiance sans bornes.»

18 mai. — Nous n'avons plus que quelques mots rapides de la plume du P. Olivaint, mais ils ont bien son cachet ; c'est le même caractère et le même cœur jusqu'à la fin. On lui avait demandé l'heure de ses repas : « A midi, mon petit dîner, répond-il ; à sept heures, mon petit souper ; c'est-à-dire que j'ai gardé mon règlement de communauté : je m'en trouve mieux pour ma retraite, et je continue par là encore mieux de vivre en religieux quand même... »

Le 18 mai était la fête de l'Ascension : « Excellente fête, malgré les verrous ! rien ne peut empêcher le cœur d'aller au ciel. »

Puis viennent deux billets, l'un adressé au P. Lefebvre, l'autre au P. Chauveau :

« Merci encore, écrit-il au P. Lefebvre. Par vos petites lettres je vis de loin avec vous. Par le sentiment de la famille, je lis entre vos lignes bien des choses que vous ne pensez probablement pas à me dire, et cela me fait du bien au cœur.

« Quels déplorables événements ! Comme je comprends les âmes fatiguées d'autrefois qui fuyaient au désert ! Mais il vaut mieux rester au milieu des difficultés et des périls, pour sauver tant de malheureux du naufrage.

« Ma santé est toujours bonne, et, après quarante-six jours, je ne suis pas encore las de ma retraite ; bien au contraire. »

Enfin nous allons rester sur ces dernières paroles adressées au P. Chauveau : « Merci de cœur. Oui, nous touchons au dénouement. A la grâce de Dieu ! Tâchons d'être prêts à tout. Confiance et prière ! Que Notre Seigneur est bon ! Si vous saviez comme, depuis quelques jours surtout, ma petite cellule me devient douce ! *Forsan et hæc olim neminisse juvabit.* Qui sait si je ne la regretterai pas un jour ? Je pense bien comme vous qu'Eugène [1] n'aura pas à intervenir ; mais enfin, si, par la faveur de M. Urbain et consorts, j'avais

---

[1] M. le comte Eugène de Germiny.

besoin de secours, je demanderais Eugène. En tout cas, remerciez-le pour moi.

« Tendres souvenirs à Armand ; bien des choses à tous ; bénédictions à nos amis et bienfaiteurs ! Je crois que tous les nôtres ici vont bien. Pour moi je me soutiens parfaitement. Encore une fois, que Notre Seigneur est bon ! — A vous de cœur... — 19 mai 71. »

Oh ! mon frère, après cette parole, vous pouvez cesser d'écrire.

Comme les autres, le P. Caubert, en finissant, incline la tête : « Je ne pense guère à compter le temps de ma captivité. Je préfère remettre tout cela entre les mains de Dieu et lui abandonner le soin de tout ce qui me concerne. Il sait mieux que moi ce qui est le plus utile pour mon âme. Je tâche de me rappeler souvent qu'on le glorifie d'autant plus qu'on souffre davantage pour son amour et pour accomplir sa sainte volonté. En effet, en se soumettant à l'épreuve, on pratique d'une manière excellente l'anéantissement de soi-même. N'est-ce pas la meilleure manière de lui prouver notre amour, en reconnaissant par là son souverain domaine sur sa créature ? N'est-ce pas la meilleure manière de lui prouver notre amour, en reconnaissant par là son souverain domaine sur sa créature ? N'est-ce pas aussi par le sacrifice de soi-même qu'on imite mieux Notre Seigneur ? Il est vrai que mon âme n'en est pas en-

core à cette perfection et à un amour aussi pur et
aussi détaché de tout. Mais il faut passer par les
épreuves pour arriver à cette union avec Dieu.
C'est lui qui les envoie dans sa bonté, pour puri-
fier l'âme et pour briser les obstacles qui s'op-
posent à cette union. Priez pour que je retire ce
profit de mon épreuve actuelle.

« On trouvera quelque part un très-petit crucifix indulgencié, qui sert pour faire le chemin de
la croix. Prière de me l'envoyer. »

Le P. Caubert obtint plus qu'il n'avait demandé.
Ce n'était pas par la simple méditation qu'il allait
suivre son Maître dans la voie douloureuse.
L'heure suprême était proche. Les événements se
précipitaient tout à coup. Le 20 mai, l'enceinte de
Paris était battue en brèche ; dès le 21, elle était
ouverte et forcée ; et la France rentrait chez elle
en reprenant sa capitale. Dans cette extrémité (à
peine eût-on osé craindre ces dernières horreurs),
la Commune fut capable de réaliser ce qu'elle
avait été digne de concevoir ; poussée par un instinct satanique, non pour se défendre, mais pour
se venger, elle se noya dans des flots de sang et
s'ensevelit elle-même sous des monceaux de
cendres.

Le lundi 22 mai, l'ordre est donné de procéder
sur l'heure, et sur place, à l'exécution de tous les
otages renfermés à Mazas. Les prisonniers puren
au moins soupçonner le fatal arrêt, encore secret
pour eux. A l'instant tout parut s'assombrir de
plus en plus dans la lugubre demeure : les gar-

diens allaient et venaient, échangeaient entre eux
de mystérieuses paroles, répondaient aux questions
des condamnés par de menaçantes allusions, ou
par un silence affecté, plus significatif encore.
Cependant il y eut un dernier répit : le directeur,
par un sentiment d'humanité, ou par un calcul de
prudence, osa représenter à l'impérieuse Commune qu'une exécution dans une maison de
simple prévention serait un fait contraire à tous
les précédents et à toutes les formes. En conséquence, il fut ordonné de surseoir et de transfé-
rer tous les prévenus de Mazas à la prison des
condamnés à mort, à la Roquette.

Mais avant de nous joindre au lugubre cortége,
nous avons à raconter une dernière scène, transi-
tion bénie entre la captivité et le supplice.

Quel contraste, mais quel à-propos ! Précisément ce jour-là, la Providence avait inspiré la charité ; et de mystérieux apprêts s'achevaient à
l'autre extrémité de la capitale. Bientôt, vers midi,
deux femmes, faibles et intrépides, s'acheminent
à travers les vastes quartiers déserts, droit à Mazas. Et que portent-elles ? Le Dieu des martyrs.
Cette fois, toutes les mesures avaient été prises, la
répartition fut complète ; chacun de nos prisonniers recevait quatre saintes hosties, enveloppées
d'un corporal, comme d'un linceul, dûment ren-
fermées dans une petite boîte, avec le sachet de
soie muni d'un cordon pour être porté au cou. En
venant à pareille heure, le Seigneur Jésus semblait redire à ses serviteurs sa parole d'autrefois :

Iterum venio et accipiam vos ad meipsum[1]. « Je reviens, non plus pour demeurer avec vous, mais pour vous emmener avec moi. » Quant à nos captifs, ils n'ont pu nous écrire, cette fois, pour nous témoigner leur reconnaissance ; mais je les entends encore s'écrier avec le P. Olivaint : « Que Notre-Seigneur est bon ! »

[1] Joan, XIV, 3

LA ROQUETTE ET LES EXÉCUTIONS.

Le mardi 23 mai, un geolier de Mazas nous faisait passer un billet ainsi conçu : « Avec un grand
regret je vous remets vos lettres, parce que ces
messieurs ne sont plus à Mazas. Ils sont à la Roquette depuis hier soir à neuf heures. A mon arrivée, j'ai eu le grand malheur d'apprendre cette
mauvaise nouvelle. Depuis mon enfance, je n'a-
vais pas pleuré, mais j'ai pleuré aujourd'hui.
Malgré çà, j'ai été un peu consolé de voir que
M. Ducoudray m'avait envoyé un bonjour par un
camarade. «

Presque tous les otages furent donc transférés à
la Roquette, conformément aux ordres de la Commune, le lundi 22, assez tard dans la soirée ;
quelques-uns cependant ne purent l'être que le
lendemain : la mesure étant si soudaine, les char-
rettes ne suffirent pas au nombre des victimes. Il
y eut sans doute pour les prisonniers, qui depuis
si longtemps n'avaient pas encore vu et ne con-
naissaient même pas tous leurs compagnons d'in-
fortune, un instant de douce surprise et d'atten-
drissement, quand, descendus de leurs cellules

respectives et réunis au greffe, ils vinrent à se
reconnaître: des prêtres, des religieux, des laïques
se pressaient autour de l'archevêque de Paris.

Le trajet fut long et douloureux. Les prisonniers, au nombre d'une quarantaine, étaient en-
tassés dans des fourgons de factage appartenant
au chemin de fer de Lyon, sur de simples ban-
quettes de bois placées en travers, exposés à tous
les regards, à toutes les injures. On eut à traverser
ces quartiers populeux du faubourg Saint-Antoine
et de la Bastille, où l'insurrection était encore
maîtresse. Le convoi marchait au pas, entre deux
haies d'hommes armés, poursuivi par les grossières
menaces d'une multitude affolée. « Hélas! Monseigneur, dit un prêtre en se penchant vers l'archevêque, voilà donc votre peuple! »

La prison de la Roquette est, on le sait, partagée par la rue du même nom, en deux divisions
complétement distinctes. Sur la gauche, en allant
de la Bastille au cimetière du Père-Lachaise, sont
les jeunes détenus; et sur la droite, les condamnés. C'est à cette dernière classe que devaient ap-
partenir les nouveaux venus.

Il faisait nuit quand nos prisonniers arrivèrent
à leur troisième et dernière station. Immédiatement, sans aucune autre formalité, rassemblés
dans un vestibule qui sert de palier au grand escalier de la maison, ils sont tous appelés par leur
nom; aussitôt un brigadier, la lanterne à la main,
les introduit dans un long corridor du premier
étage : à mesure qu'ils défilent dans l'ordre où ils

ont été nommés, une porte s'ouvre et se referme sur chaque captif. L'obscurité était profonde ; chacun dut palper les murailles de son réduit et chercher sa couchette à tâtons.

Mais il est bon de le rappeler, dans plusieurs cellules, il y avait cette présence réelle de Jésus, d'où rayonnent la lumière et la paix.

Le 23 mai, premier jour passé à la Roquette, devait d'abord être aussi le dernier. La Commune en détresse avait hâte d'en finir avec ses victimes. Il fut enjoint d'exécuter immédiatement tous les prisonniers arrivés la veille. Le directeur, assez peu jaloux d'une pareille commission, éluda 'ordre, sous prétexte d'un défaut de forme, et gagna du moins quelques heures.

Cependant, le jour à peine venu, les nouveaux hôtes de la Roquette eurent bientôt pris connaissance de leur domicile de la nuit. L'inspection en était facile. Je décrirai ce que j'ai vu.

Dans les très-petites cellules, en fait de mobilier, il y a un lit, et quel lit ! Sur des ais grossiers, une paillasse et une couverture ; plus rien d'ailleurs, pas de table, pas même une chaise. On le devine au premier coup d'œil, ici on ne demeure pas, on ne fait que passer, le condamné attend son heure. Et cependant la Roquette vaut bien mieux que Mazas ; au moins c'est une prison humaine, les cellules ne sont pas des tombeaux, et si on y est enfermé, on n'y est pas enterré. Au lieu des correspondances du dehors, il y a des correspondances au dedans : or, quand la bouche parle

le cœur respire et vit. D'abord chaque cellule, d'un
côté du moins, n'est séparée de la cellule voisine
que par une mince cloison, qui partage également
en deux la fenêtre commune : et ce n'est plus seulement, comme à Mazas, une lucarne hors d'atteinte, mais une vraie fenêtre à hauteur d'appui.
Là, au premier signal donné, les deux voisins
s'avancent, se rencontrent tête à tête et peuvent,
sans contrôle, échanger des confidences et même
une confession. De plus, le règlement de la maison admet les récréations communes. Si le temps
est beau, on fait descendre les prisonniers par un
escalier tournant, à l'extrémité du corridor, dans
le premier chemin de ronde ; quand il fait mauvais, ils se promènent dans le corridor de leur
étage respectif, ou même ils se retirent dans les
cellules qui demeurent ouvertes. Encore une fois,
dans cette maison de mort, il y a de la vie, parce
qu'il y a de la société.

Maintenant, après cette rapide description des
lieux, ne dois-je pas accréditer le récit des derniers faits par l'autorité des témoignages ? Sans
doute je n'ai moi-même rien vu. Mais la Providence, en sauvant plusieurs des ôtages de la Roquette, nous a réservé des témoins, et c'est avec
u ne double reconnaissance que je citerai M. Bayle
vicaire général capitulaire de Paris, M. Petit, secrétaire de l'archevêché, M. Perny, du séminaire
des Missions étrangères, M. Amodru, du clergé de
Notre-Dame-des-Victoires, et le P. Bazin, de la
Compagnie de Jésus.

Qu'on me pardonne, d'ailleurs, si je continue de séparer, dans mon récit, des victimes confondues désormais dans un commun sacrifice. Ne puis-je pas, constant avec moi-même, garder jusqu'au bout l'unité de mon plan? Je l'affirme, je n'estime pas les uns plus que les autres; seulement ceux-ci sont mes frères, je les connais, je les aime mieux. Qu'ils soient les derniers de tous, j'y consens et je m'en contente; ils seront à bon droit les premiers dans mon cœur.

Vers six heures du matin, on avait, selon l'usage, donné le signal du lever. Mais nos prisonniers avaient bien devancé cette heure pour eux trop tardive, et après l'oraison, entr'ouvrant leur petit tabernacle portatif, avaient déjà goûté le pain des forts. La journée du 23 mai s'annonçait plendide; le ciel paraissait en fête et la terre était en deuil; on entendait le fracas toujours plus proche de la bataille, et on voyait la fumée des grands incendies allumés pendant la nuit : Paris était à feu et à sang.

De huit à neuf heures avait lieu la première récréation de la journée, pendant que les gens de service faisaient le ménage des pauvres cellules. Un trait commun durant ces intervalles de relâche et de fusion, c'était la sérénité d'un commerce intime; les cœurs se touchent bien vite dans la communauté de la foi et de l'épreuve; on retrouvait d'anciennes connaissances, et on en faisait de nouvelles; on se consolait, et surtout on se confessait. Ici les détails se perdent un peu dans l'en-

semble. Cependant voici quelques particularités :
« J'ai vu tous vos Pères et je leur ai parlé, m'é-
crit un des prisonniers échappés de la Roquette,
je les ai admirés ; ils étaient tous calmes et sou-
riants au soir de leur vie comme à l'aurore d'un
beau jour ; le P. de Bengy n'avait rien perdu de
son sang-froid et de sa gaîté ; le P. Caubert, de
son recueillement suave et modeste ; le P. Clerc,
de sa généreuse allégresse ; le P. Ducoudray, de
sa virilité simple et digne ; le P. Olivaint, de sa
vive énergie et de sa paix radieuse. »

Cependant on remarqua bientôt un singulier
rapprochement entre le P. Clerc et le président
Bonjean. On le devine, de la part du P. Clerc, il y
avait à la fois une conquête à faire et une dette à
payer. Est-ce qu'on connaît une autre vengeance
dans la Compagnie de Jésus ?

Pour un tout autre motif, dans un sentiment de
vénération compatissante, le P. Olivaint paraissait
s'attacher surtout à la personne de Mgr l'archevêque de Paris. Quelquefois l'infortuné prélat,
affaibli par les privations et par la souffrance, restait à moitié étendu sur son grabat ; le P. Olivaint
s'asseyait à ses pieds, et ensemble ils parlaient du
passé et du présent ; pouvaient-ils encore parler
de l'avenir ? Dès le premier jour, les vivres com-
mencèrent à manquer à la Roquette ; le pain
même se faisait rare. Sans doute la bataille des
rues, qui gagnait toujours du terrain, empêchait
le ravitaillement régulier. Le P. Olivaint prenait
dans les petites provisions qui lui restaient encore

et apportait au Pontife défaillant un peu de pain
d'épices et de chocolat en tablettes; et ainsi il était
donné à un pauvre religieux de faire la charité à
un archevêque de Paris. Mais il put promettre
bien plus et bien mieux pour le lendemain, car il
était riche d'un tout autre trésor.

En effet, dans la journée mémorable du 24 mai,
que de mystérieuses agapes! D'abord le P. Olivaint apporta la sainte Eucharistie à Mgr l'archevêque, dont on ne saurait dire la pieuse reconnaissance. A son exemple, nos Pères, si heureux
naguère de recevoir leurs quatre saintes hosties,
ne le furent pas moins de les distribuer, et tous
les prêtres, au moins du même quartier, ne partirent point sans viatique.

Le zèle des âmes occupait encore ces suprêmes
instants. Tous les ôtages laïques renfermés dans
ce corridor se sont convertis et confessés. Voici la
déposition de M. Bonjean lui-même. A la récréation du jour, qui se prenait à l'ordinaire dans le
premier chemin de ronde, l'archevêque, fatigué
d'avoir marché longtemps, comme il n'y avait
nulle part où s'asseoir, s'appuya contre la rampe
du petit escalier tournant qui mène au corridor
du premier. Un de ses vicaires généraux et
M. Bonjean vinrent à lui; ce dernier était radieux : « Monseigneur, dit-il aussitôt, j'ai dit bien
du mal des jésuites et je les ai persécutés ou du
moins poursuivis selon mon pouvoir. Eh bien!
ils ont fini par me convertir, et le P. Clerc vient
d'entendre ma confession. »

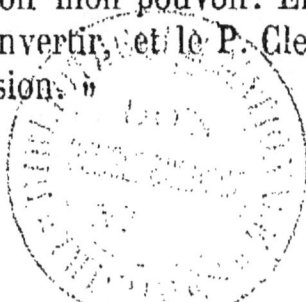

6

Au moment d'en venir au sacrifice, recueillons
de la bouche du P. Ducoudray cette parole pleine
d'immortelle espérance : « Si nous sommes fusillés, dit-il à un des ôtages qui ont survécu, le pur-
gatoire ne sera pas long, »

La Commune, en désarroi et en déroute, retran-
chée alors dans la mairie du onzième arrondissement, n'avait plus de force que pour le crime ;
hélas ! elle en avait trop encore ! Frustrée la veille,
et de plus en plus désespérant du lendemain, elle
ordonne d'urgence aujourd'hui l'exécution en
masse de tous les ôtages de la Roquette. A
six heures du soir, à titre de représailles, plus de
soixante prisonniers doivent être passés par les
armes. A cette injonction extrême de désespérés
qui n'ont plus rien à perdre, le greffier de la prison trouve encore moyen d'incidenter, sur le fond
cette fois plutôt que sur la forme. On parlemente,
et après quelques allées et venues entre la Roquette et la mairie du onzième arrondissement, la
Commune consent à décimer seulement la soixan-
taine, à la condition expresse de désigner elle-
même ses victimes préférées. A tout prix, elle
veut des prêtres, ces hommes qui gênent le monde
depuis dix huit cents ans ; et par une association
étrange, M. le président Bonjean est porté sur la
liste. Près de deux heures se passèrent dans ces
redoutables négociations.

Il était donc environ huit heures du soir. Tous
les prisonniers se trouvaient dans leurs cellules,
les portes fermées, et il n'y avait plus à l'intérieur

de conversations qu'avec le Ciel. Tout à coup on
entend dans le lointain un bruit confus, de plus
en plus distinct; des voix d'hommes et d'enfants,
des clameurs et des rires encore plus féroces se
mêlent au cliquetis des armes. C'étaient en
effet les exécuteurs des hautes œuvres : pour six
victimes, pas moins d'une cinquantaine de bourreaux, Vengeurs de la République et Garibaldiens,
soldats de toutes armes et gardes nationaux de
tout costume, y compris ces enfants terribles
qu'on nomme les gamins de Paris. A leur tête
marchait un homme blond, moustaches en brosse.
« Citoyens, dit-il en s'adressant à sa troupe, vous
savez combien il en manque des nôtres, six. Fu-
sillez-en six ! » Le détachement pénètre dans ce
corridor du premier, ¡quatrième division, où se
trouvent nos chers captifs, le parcourt dans toute
sa longueur, et va se ranger à l'extrémité opposée,
au haut de ce petit escalier tournant qui conduit
au chemin de ronde. Au passage, chaque détenu
avait reçu d'avance, par son guichet entr'ouvert,
une insulte et une sentence de mort.

Alors un personnage, faisant l'office de héraut,
d'une voix retentissante, somme les prisonniers
de se tenir prêts et que chacun ait à répondre à
l'appel de son nom. Cela dit, la liste fatale à la
main, il proclame aussitôt, avec la même qualifi-
cation pour tous, et suivant l'ordre numérique
des cellules, les six condamnés de la Commune. A
mesure qu'un nom a été prononcé, une porte
s'ouvre et une victime se livre. M. Bonjean,

M. Deguerry, M. Clerc, M. Ducoudray, M. Allard
et M. Darboy ont été successivement appelés. Tous
sont présents, tout est donc prêt, le défilé com-
mence. Mgr l'archevêque et ses compagnons, précédés et suivis de l'affreuse escorte, passent et
descendent un à un par l'escalier étroit et sombre,
et au bas, se trouvent dans ce même chemin de
ronde où tout à l'heure ils prenaient encore leur
récréation.

Les voilà donc enfin à la merci d'une impiété
sauvage et de la plus brutale insolence. Un des
officiers de cette ignoble troupe dut même intervenir, et, compatissant à sa manière : «Camarades,
s'écria-t-il, nous avons mieux à faire que de les
injurier, c'est de les fusiller. C'est le mandat de
la Commune.

Tel était l'arbitraire et le désarroi de ces temps,
que le lieu de l'exécution n'avait pas même été
fixé. Toute place était bonne pour verser du sang.
On fut donc au moment d'opérer à l'endroit même.
Mais on avisa que c'était bien près de la prison,
sous les fenêtres mêmes des prisonniers; il y aurait là trop de témoins pour le crime. En effet de
toutes ces fenêtres, à tous les étages, l'œil plonge
dans le premier chemin de ronde et les prisonniers restés dans leurs cellules assitaient d'en haut
à cette scène de mort, entendaient tout, voyaient
tout. Il fut décidé qu'on passerait dans le second
chemin de ronde, où l'on serait à l'abri de deux
hautes murailles. On se met en mouvement; un
brigadier ouvre la marche, derrière lui s'avancent

ceux qui vont mourir, ainsi groupés : Mgr l'archevêque de Paris donne le bras à M. Bonjean ; le
P. Ducoudray et le P. Clerc accompagnent et sou-
tiennent de chaque côté le vénérable curé de la
Madeleine, chargé de ses quatre-vingts ans, vient
enfin M. l'abbé Allard ; puis, à l'entour et derrière,
les hommes et les enfants armés, dans une espèce
de désordre. Durant ce parcours, à une fenêtre du
premier, un des prisonniers agita son mouchoir
en signe d'adieu ; le P. Ducoudray se retourna
vers lui et le salua du geste. On le vit ensuite
entr'ouvrir le haut de sa soutane, porter la main
à sa poitrine, se recueillir, prendre dans le sachet
suspendu à son cou le viatique pour la vie éter-
nelle ; et Jésus dans le cœur, il allait cacher sa vie
dans le sein de Dieu.

A l'extrémité du premier chemin de ronde, il
y eut un arrêt obligé, il fallut forcer la porte qui
introduit dans le second. A partir de cet endroit,
les victimes disparurent, et il ne resta plus que
des témoins qui ne viendront pas déposer : les
exécuteurs eux-mêmes. On sait seulement qu'on
eut encore à parcourir ce second chemin de ronde
dans toute sa longueur, en sens inverse du premier, jusqu'à l'angle sud-est. On rapporte aussi
que le généreux P. Alexis Clerc, qui avait tant
désiré rendre au nom de Jésus le plus excellent
témoignage, celui du sang, ouvrit sa soutane et
présenta son cœur pour accueillir la mort. On voit
enfin, par les traces profondes des balles égarées,
que les victimes ont dû être rangées sur une

6.

ligne, au pied de la haute muraille d'enceinte.

Cependant, dans les cellules de la prison, quelle
auxieuse attente! A deux genoux, on priait, on
écoutait, respirant à peine. On entendit un feu de
peloton, puis quelques coups détachés, des cris
de « Vive la Commune ! » C'en était fait, il n'y
avait plus de victimes, mais des martyrs !

La nuit, commencée dans les angoisses, se passa
dans les alarmes. De vives alertes se succédaient.
Sous le règne de la Commune, le meurtre n'allait
point sans la rapine. L'exécution une fois achevée,
une poigné d'assassins, sous la conduite de quelques gardiens, revient au corridor du premier,
pénètre dans les six cellules vacantes, et enlève
tout ce que les victimes y ont laissé.

Un geolier, ayant trouvé au n°7, occupé par le
P. Ducoudray, des papiers qui lui paraissent sans
valeur, vient à l'heure même les remettre entre
les mains du P. Olivaint. Celui-ci, à cette vue,
s'écrie vivement: «Un crime ! » — « Prenez garde
et taisez-vous ! « répond l'autre, et il renferme
aussitôt la porte à gros verrous.

Vers le milieu de la nuit, il se fit un grand bruit
autour des prisonniers. Était-ce une nouvelle tentative d'invasion ? Mais bientôt les grilles, aux
extrémités du corridor, et les portes de toutes les
avenues se refermèrent avec fracas et l'on distin-
gua ces paroles prononcées d'un ton de maître:
« Si l'on revient encore, je défends d'ouvrir. »
C'était seulement partie remise.

Un peut plus tard enfin, il y eut un sord roulement, le long du second chemin de ronde. On enlevait les six dépouilles sanglantes. Les corps jetés, plutôt que posés sur une petite voiture à bras, arrivèrent vers trois heures du matin au cimetière du Père-Lachaise ; et là, sans cercueils, sans cérémonie aucune, ils furent enfouis pêle-mêle dans la fosse commune, à l'extrémité d'une longue tranchée ouverte à l'angle sud-est du cimetière, tout à fait contre le mur d'enceinte.

La journée du 25 mai, et désormais la vie à la Roquette, ne pouvait plus être qu'une lente agonie. Chacun ne devait-il pas se dire pour son compte : « Je meurs à toute heure du jour et de la nuit. » Cependant la Commune se trouvait déjà presque cernée dans sa mairie du onzième arrondissement par l'armée libératrice, et ses messages de mort perçaient avec peine le cercle de fer et de feu. Un seul otage laïque fut enlevé dans la matinée et ne revint pas. En revanche, il faudra demain une hécatombe.

Dans l'attente de cette heure suprême, nos prédestinés à la mort conservèrent un calme et une sérénité inaltérables, indices du vrai courage et de la paix intime de leurs âmes. En voici quelques traits qui me paraissent caractéristiques.

M. l'abbé Petit, secrétaire de l'archevêché de Paris, voisin de cellule du P. Caubert, me raconte que, dans ces derniers moments, entre la vie et la mort, il frappait de temps en temps un petit coup sur la cloison qui les séparait ; c'était le signal convenu. Le P. Caubert venait aussitôt à la fenêtre, et selon une belle et douce locution de la Sainte-Écriture, *il parlait la paix*, mais si bien qu'il la donnait. Bientôt non content de parler, il se prit à chanter : Tenez ! dit-Il, pour nous donner du cœur, mettons-nous à chanter le Sacré-Cœur » ; et ayant passé à M. Petit un pieux cantique du P. Lefebvre, ils chantèrent à deux voix et d'un même cœur cette strophe de circonstance :

Accordez-nous,
Seigneur, à tous,
Cette grâce incomparable
De bien finir,
De bien mourir
Sur votre cœur adorable.

On dit que le P. de Bengy ne croyait pas au massacre des otages. Voici néanmoins la preuve qu'il s'y préparait. Durant les quatre jours qu'il passa à la Roquette, s'entretenant avec un de ses compagnons : « Je croyais autrefois, lui dit-il, être parvenu, dans mes retraites, à ce degré d'indifférence que nous demande saint Ignace, par rapport à la vie et à la mort. Mais je reconnus, à Mazas, que je n'y étais pas encore ; et il m'a fallu plusieurs jours de méditation et de prière pour y arriver. Maintenant, grâce à Dieu, je crois en être venu à bout. » Et peu après, la veille peut-être de l'exécution : « Dieu soit béni ! dit-il encore au même confident ; je crois n'être plus seulement dans l'indifférence par rapport à la vie ou à la mort, et il me semble que je préférerais mourir, si Dieu m'en laissait le choix. »

Dans une conversation avec M. l'abbé Delmas, raconte M. l'abbé Amoudru, le P. de Bengy, exprimait ainsi l'état de son âme :

« J'ai déjà fait mon *acceptation indifférente* ; comme saint Martin, j'ai dit à Dieu ; Voulez-vous que je vienne à vous ? me voici ? Différez-vous cette heure ? *non recuso laborem*, je ne refuse pas le travail. — J'ai là toute une théorie, ajoutait-il avec un sourire qui illuminait sa belle figure. Dieu aime qu'on lui donne avec un cœur oyeux ; et, comme il n'y a pas de don plus considérable que celui de la vie, il faut le rendre parfait en le faisant avec joie. »

« Le jeudi à midi, écrit M. l'abbé Lamazou, on nous permet une récréation commune dans la même cour que la veille. Les visages sont plus tristes, mais les cœurs sont aussi fermes. Les laïques témoignent aux ecclésiastiques une cordiale sympathie et montrent la même sérénité. On sent que tous placent en Dieu seul leur confiance, et que cette confiance n'est pas un vain mot. Je m'entretiens vingt minutes avec le P. Olivaint ; frappé dans ses plus chères affections, il conserve encore sur ses lèvres un gracieux sourire ; je renonce à dépeindre sa figure et à reproduire sa conversation. Son visage avait quelque chose de vraiment idéal, et sa parole était celle d'un ange. Sur la proposition de Mgr Surat, de M. Bayle et du P. Olivaint, les prêtres font vœu, si Dieu daigne les arracher à la mort, de célébrer pendant trois ans, le premier samedi de chaque mois, une messe d'actions de grâces en l'honneur de la sainte Vierge. »

Après ce témoignage de M. l'abbé Lamazou, nous sommes heureux de reproduire celui d'un membre distingué de l'Université, qui nous adresse les lignes suivantes :

« Vous recueillez avec un soin pieux les témoignages et les souvenirs qui se rapportent aux derniers moments des membres de votre Compagnie, victimes des massacres de la Roquette dans la sinistre semaine du 22 au 28 mai. Je me fais un devoir de répondre à votre appel, pour ce qui concerne le Père Olivaint, qu'il m'a été donné de voir de plus près et d'entretenir à cette heure suprême.

« Ancien condisciple du P. Olivaint à l'école normale, il y avait trente-quatre ans que je ne l'avais revu lorsque nous nous sommes rencontrés à la prison de la Roquette, le mercredi 24 mai, à l'heure de la promenade en commun de tous les otages. C'est lui qui vint se faire reconnaître de moi, me serrer la main et m'embrasser avec effusion, non sans un retour mélancolique sur les douloureuses circonstances de cette étrange entrevue, en un pareil lieu, et après une vie de part et d'autre si diversement agitée. Puis, me prenant à part, le Père Olivaint, la main dans la mienne, d'un ton à la fois affectueux et grave, me tint le langage d'un prêtre et d'un ami, et voulut s'assurer si je comprenais comme lui notre situation et ce qui nous restait à faire. Évidemment son sacrifice était fait : depuis l'a-

vant-veille, il n'avait conservé aucune illusion,
aucune lueur d'espérance ; et sa ferme amitié ne
chercha pas à dissimuler un sentiment de satis-
faction quand je lui avouai que je voyais les
choses comme lui, que du reste rien ne nous séparait en ce moment suprême, et que j'avais eu le
bonheur de trouver déjà auprès de mon compagnon de cellule, Père des missions étrangères, ce
que je lui aurais demandé à lui-même si notre
rencontre avait eu lieu un jour plus tôt. « Fort
bien, mon cher camarade, me dit-il avec son
calme sourire ; mais il me semble que vous
m'apparteniez, et que j'ai un peu le droit d'être
jaloux. »

« J'ai revu le Père Olivaint le lendemain jeudi,
après la mort de Mgr l'Archevêque, et aussi le
vendredi, jour où il devait lui-même subir le
martyre. J'ai eu le triste bonheur de converser
chaque fois longtemps avec lui : sans insister sur
l'imminence trop visible du péril, il détournait
évidemment la pensée de son interlocuteur, comme
la sienne, de tout ce qui aurait pu réveiller de
vaines espérances ; et sa courageuse charité s'at-
tachait à faire regarder en face une destinée pour
ainsi dire inévitable, à hausser le cœur au niveau
de la dernière lutte. Faisant bon marché de sa
propre vie, il rabaissait son dévouement à lui,
prêtre de l'Église militante, aux proportions les
plus simples et les plus modestes ; et pour soutenir des défaillances bien naturelles, presque
légitimes, à l'entendre, il s'étendait à relever et à

grandir notre sacrifice que les liens du sang et
de la famille semblait rendre plus difficile à accomplir, » Dans ces conditions, disait-il, une
mort chrétienne est vraiment comme un second
baptême ; et l'on peut s'abandonner avec la plus
entière confiance à la miséricorde de Dieu. »

« J'ai le douloureux regret de n'avoir pu lui
serrer une dernière fois la main au moment du
funèbre appel. Tous ceux qui se sont trouvés
auprès de lui à cette heure suprême ont rendu
témoignage de la fermeté calme et sereine, de
la simplicité héroïque dont il a fait preuve. Si
comme on le raconte, il a marché en tête des victimes depuis la Roquette jusqu'au lieu du massacre,
il était bien digne de cette place d'honneur, et
personne ne pouvait mieux que lui donner à ses
compagnons l'exemple et le courage du martyre. »

M. L'abbé Bayle, vicaire général capitulaire de
Paris, me rapporte aussi une dernière confidence
du P. Olivaint. Ils passaient ensemble la récréation : « Vraiment, je me sens tout joyeux, me disait le Père, avec je ne sais quoi de dilaté ; je me
rappelle ce que raconte saint François de Sales :
lorsque, traversant le lac de Genève sur une petite
barque, il fut assailli par une grande tempête, il
se réjouissait de n'être séparé de l'abîme que par
une planche, parce qu'il n'était plus porté que par
la main de Dieu. Eh bien ! notre vie notre vie ne
tient plus qu'à un fil; mais ce fil, c'est Dieu même
et Dieu seul qui le soutient. Oh ! que je suis heureux d'être entre les mains de Notre-Seigneur ! »

N'est-ce pas ici le moment de rappeler quelques souvenirs et pressentiments, avant de raconter le dernier acte qui les réalise et les consomme ? Depuis bien longtemps déjà le P. Olivaint portait en lui même comme l'instinct du martyre.

Dès son entrée dans la Compagnie, comme un de ses amis avait quelque velléité de l'y suivre : « Voyons, lui demande le P. Olivaint avec vivacité, dites-moi : êtes-vous prêt à être roué pour l'amour de Jésus-Christ ? — Non pas, dit l'autre. — Eh bien ! lui fut-il répondu, restez où vous êtes et ne venez pas où je vais. Vous n'avez pas la vocation. »

A propos des persécutions incessantes et même des derniers malheurs possibles : « Qu'est-ce donc, s'écria-t-il, pour un jésuite qui sacrifie son cœur tous les jours, que d'avoir à donner une fois sa tête ? »

Au début de l'insurrection parisienne, lors de cette pacifique démonstration de la place Vendôme dont l'issue devint si tragique, le jeune Paul Odelin, un de ses plus chers enfants de Vaugirard, était tombé au premier rang, mortellement atteint. Le P. Olivaint accourt aussitôt, les yeux pleins de larmes, et baisant au front le généreux enfant qui n'est déjà plus : « Oh ! mon cher Paul, dit-il, reposez en paix. Et moi, que je voudrais donc être à votre place ! »

La dernière fois probablement qu'il parlait en public, bien peu de temps avant son arrestation, après avoir fait allusion à nos malheurs, mérités par nos fautes nationales, il ajouta soudain avec

7

un accent prophétique : « Et maintenant il faut à notre France ce qu'il fallut au monde, le rachat par le sang; non pas le sang des coupables, qui se perd dans le sol et reste muet et infécond, mais celui des justes qui crie au Ciel, conjurant la justice et invoquant la miséricorde. »

Enfin, il m'en souvient, et je crois l'entendre encore, dans nos derniers entretiens, le P. Olivaint me faisait part de ses projets et de l'attitude à prendre, si on venait à le saisir et à l'interpeller : « Avant tout, me disait-il, je veux me poser sur mon terrain et me donner pour ce que je suis : citoyen français sans doute, mais prêtre, mais jésuite ; car c'est sous ce dernier titre que je vis et que je veux mourir. — Soit, lui fut-il répondu, *moriamur in simplicitate nostra ;* s'il faut mourir, tant qu'à faire, mourons tout entier et tombons tout d'une pièce. »

Constant avec lui-même, le P. Olivaint, au seuil de la Conciergerie, avait décliné tous ses titres d'une voix ferme et sonore : « Pierre Olivaint, prêtre et jésuite. »

C'est bien ! ô mon Père ; maintenant encore un peu, et la palme est à vous.

Le 26 mai tombait juste un vendredi ; le jour ne pouvait être mieux choisi ; aussi bien, cette fois, la mort allait être accompagnée d'une passion pleine d'ignominie et de souffrances. Les victimes auront à marcher et à gravir, pour aller trouver bien loin leur calvaire.

Le temps était à la pluie. Pour la récréation du milieu du jour, on ne permit point aux prisonniers de descendre dans le chemin de ronde, mais seulement de se promener dans le corridor même, au milieu de leurs cellules.

Tout à coup apparaît un délégué de la Commune ; il s'avance d'un air dégagé, tenant une liste à la main, et va se placer au milieu du corridor, dans un espace occupant la largeur de deux cellules et laissé libre pour donner du jour à l'intérieur.

Tous les prisonniers sont groupés en face.

Le personnage officiel annonce tout d'abord, comme une chose toute simple, qu'il lui faut quinze noms, ni plus ni moins ; à chacun maintenant de répondre à l'appel du sien.

Le P. Olivaint est appelé le premier : « Présent », dit-il aussitôt en traversant le corridor ; il va se placer vis-à-vis des prisonniers pour commencer la rangée des victimes.

Le P. Caubert, nommé le second, au lieu de répondre immédiatement, rentre dans sa cellule pour y prendre quelque objet, peut-être le divin viatique à l'entrée de la voie douloureuse. Le triste héraut de la Commune lève la tête et se donnant un air plaisant : « Mais, Messieurs, dit-il, je vous en prie, ne soyez donc pas effrayés. — Et quand nous le serions, lui répond un jeune prêtre, certes avec vous nous sommes bien payés pour cela.» Après un instant, le P. Caubert reparut et alla tranquillement reprendre sa place près du P. Olivaint.

Le nom du P. de Bengy, le troisième sur la liste, mal écrit, fut encore plus mal prononcé. Il se contenta de répondre avec un naturel parfait : « Si vous voulez dire de Bengy, c'est moi, me voici. »

L'appel terminé, comme les condamnés demandaient à passer d'abord dans leurs cellules pour faire en toute hâte quelques préparatifs de départ (plusieurs étaient en pantoufles et sans chapeau) : « Non, non, leur fut-il répondu, pour ce qui vous reste à faire, vous êtes bien comme cela. Suivez-moi, descendons au greffe, et partons. »

Aux quinze victimes recueillies dans le corridor du premier étage de la quatrième division, on en ajouta de nouvelles, prélevées sur les autres sections de la Roquette, et on en obtint ainsi une cinquantaine, chiffre exigé par la Commune.

On partit. Le P. Olivaint s'aperçut alors qu'il avait encore à la main son bréviaire. Arrivé à la porte extérieure de la prison, il comprit que désormais il n'en aurait plus besoin, et, sans doute pour le soustraire à une profanation, il le présenta au brave concierge de la maison, en lui disant : « Tenez, mon ami, voici mon livre. » Celui-ci l'accepta, mais un capitaine de la garde nationale le lui arracha aussitôt des mains et le jeta au feu. Le cocierge l'en retira, dès qu'il fut délivré de la surveillance de ces misérables. Il voulait le garder comme une relique et repoussa les offres séduisantes d'un haut personnage qui lui enviait la possession de ce pieux trésor. Mais, depuis, il s'en est défait en notre faveur, sans qu'il fût possible de lui faire accepter aucune gratification. C'est bien le grand bréviaire in-4° que nous connaissions ; nous le conservons à la rue de Sèvres, à moitié brulé, mais d'autant plus précieux pour les frères du P. Olivaint.

Cependant les détenus qui restaient encore dans la prison avaient beau prêter l'oreille aux fenêtres de leurs cellules ; aucune détonation ne vint leur annoncer qu'un second holocauste était consommé. On leur apprit bientôt que l'exécution devait se faire à Belleville.

On se demande la raison de cette mesure : et pourquoi donc aller si loin ?

Était-ce pour relever le moral des combattants dans ces derniers retranchements de l'insurrection, en transformant les otages en prisonniers et en faisant croire encore à une victoire au milieu même de la défaite ? Était-ce pour surrexciter les passions extrêmes ? Car le peuple s'enivre de la vapeur du sang. N'était-ce point seulement pour prolonger l'agonie avant le supplice ? Les membres seuls de la Commune pourraient nous répondre. Mais la seconde hypothèse serait la plus admissible, s'il est vrai que, le convoi des prisonniers une fois arrivé à Belleville, un homme monté sur une charrette, un drapeau rouge à la main, ait prononcé ces paroles : Citoyens, le dévouement de la population mérite une récompense. Voilà des otages que nous vous amenons pour vous payer de vos longs sacrifices. »

Ici quelques indications topographiques sont indispensables ; nous serons ainsi nous-mêmes sur le théâtre du crime et nous pourrons assister au drame sanglant de la rue Haxo. Il y a loin, bien loin de la Roquette jusque-là, trois kilomètres peut-être, et il ne faut pas moins de trois quarts d'heure pour franchir cet intervalle. Le chemin est presque d'un bout à l'autre montant et même rapide. Dans ces quartiers extrêmes, les rues fourmillent de peuple : Belleville, simple faubourg, est une vraie ville de 55,000 habitants, entre la Villette qui en compte 51,000 et Ménilmontant qui en a plus de 40,000.

Nous avons à suivre cet itinéraire, facile à tracer sur une carte de Paris. En sortant de la prison, qu'on prenne à droite la rue de la Roquette jusqu'au cimetière du Père-Lachaise, puis le boulevard, puis la chaussée de Ménilmontant, jusqu'au boulevard Puebla ; qu'on suive ce boulevard jusqu'à l'intersection de la rue des Rigolles, pour aboutir à la rue de Belleville près la mairie du vingtième arrondissement ; après avoir encore marché longtemps dans cette dernière rue, on rencontrera la rue Haxo ; qu'on tourne à droite et on arrive au n° 85 ; là est la Cité-Vincennes, sur le plateau de Saint-Fargeau, entre Belleville et Ménilmontant.

La Cité-Vincennes, selon l'usage reçu, est séparée de la rue Haxo par une grille qui reste

ouverte pendant le jour. Après avoir traversé un
espace bordé de maisonnettes et de petits jardins
potagers, on arrive dans une grande cour, en face
d'un bâtiment assez vaste quoique de médiocre
apparence, lequel avait servi à l'état-major du
deuxième secteur pendant le siége de Paris et était
devenu un quartier-général depuis l'insurrection
parisienne. Au delà, sur la gauche, on pénètre
dans une espèce de verger ou de terrain vague,
où l'on aperçoit un espace oblon, découvert
mais fermé au fond, sur le côté qui longe la
rue de Borrégo, par de hautes murailles, et
en avant par un simple mur de soubassement,
destiné sans doute à supporter un treillis. C'est
une salle de bal champêtre en construction. Il y
bien loin, mais pas si loin qu'on pourrait le
croire, de la destination de ce local à son usage.
Enfin, au milieu de ce terrain inégal et encore
encombré de matériaux en désordre, s'ouvre un
soupirail carré donnant sur une future fosse d'ai-
sance.

Reprenons le fil de notre récit.

Le cortége sortait de la Roquette et se mettait
en mouvement un peu après quatre heures, puisqu'à quatre heures et demie il défilait déjà sur la
Chaussée Ménilmontant. En tête, à cinquante pas
en avant, marchait un garde, tête nue, qui annonçait à haute voix qu'on amenait là des gens
désarmés, des Versaillais faits prisonniers le matin
à la Bastille, et qui commandait aux citoyens le
calme de la force et la dignité de la victoire. Ve-

naient ensuite les condamnés, à la file et deux à
deux, ayant l'air très-calme. On leur assurait
qu'ils étaient seulement transférés dans un lieu
plus sûr que la Roquette et qu'il ne leur serait
fait aucun mal. Heureux en vérité ceux qui
avaient mis ailleurs leur confiance ! Dans ce long
convoi, on ne remarquait qu'un petit nombre de
prêtres en, soutane, quatre ou cinq environ ; les
autres étaient revêtus de l'habit laïque. L'escorte,
à l'entour et en arrière, se composait de cent cinquante hommes armés, gardes nationaux du 173ᵉ
bataillon, auxquels s'étaient joints, pour une si
belle occasion, des *Enfants perdus* de Bergeret et
d'autres bandits de tous les noms.

D'abord, sur le passage du cortége, soit consternation, soit panique, les boutiques et les fenêtres
se fermaient ; mais la scène changea bientôt. A la
hauteur du boulevard Puebla, les femmes et les
enfants accourent, affluent, enveloppent les rangs
et poursuivent les victimes d'imprécations et de
mille cris de mort. Les héroïnes de la Commune
vont faire en grande partie les frais de l'horrible
expédition. Où sont maintenant ces vierges modestes et dévouées, que nous avons rencontrées
naguère apportant à nos chers captifs le pain de la
terre et le pain du ciel ? La religion élève la
femme au dessus de son sexe, et quelquefois même
au dessus du nôtre ; l'impiété la dégrade toujours
et la ravale au dessous même de la nature. Nous
n'avons plus que des bacchantes, ivres de luxure
et altérées de carnage, vraies furies, le blasphème

à la bouche et le revolver au poing. La foule
grossissait toujours, la presse devenait extrême ;
tes gardes avaient à lutter pour protéger les victimes, non contre les insultes, mais contre les
dernières violences.

On parvint à la rue de Belleville entre l'église
et la mairie du vingtième arrondissement. Là, le
cortége fait une halte, et comme les cris du
peuple deviennent plus menaçants, on est au
moment d'en venir sans plus tarder au dénouement. Cependant on poursuit la marche et pour
couvrir un peu les clameurs de la foule, ou pour
donner plus de solennité à l'action, on ajoute au
cortége une musique militaire ; des clairons, ac-
compagnés de tambour, exécutent des fanfares,
et l'on va au supplice comme on irait à un spectacle. Les victimes suivaient deux par deux,
ayant de chaque côté deux gardes nationaux, la
baïonnette au bout du fusil. Les gendarmes marchaient les premiers.

Mais ne puis-je donc plus, au milieu de cette
effroyable mêlée, entrevoir encore une fois mes
frères qui vont mourir? Des témoins oculaires
ont remarqué et m'ont signalé dans les rangs des
victimes, un prêtre donnant le bras à un laïque,
qui paraissait exténué de fatigue. Ah! je les
reconnais parfaitement tous deux : Le P. Cau-
fbert, dont le courage était plus grand que les
orces, s'appuyait sur le bras du P. Olivaint, son
supérieur, son frère et son ami. Insoucieux du
bruit et de la foule, ils priaient et conversaient

.7

doucement comme s'ils avaient été seuls, et sans
doute ils parlaient encore de la famille qu'ils
laissaient et déjà de celle qu'ils allaient trouver
au ciel.

Bien près d'eux marchait le P. de Bengy, la
tête haute toujours et le cœur au large.

Avant d'arriver à la rue Haxo, il y eut encore
un arrêt et un moment d'hésitation. On vint à ren-
contrer une barricade armée d'une mitrailleuse.

Il fut aussitôt question de tout finir d'un seul
coup. Mais on se ravise ; on est enfin au terme,
près de l'entrée de la Cité-Vincennes. Le passage
est étroit, la foule énorme et plus furieuse à
mesure que le dénouement est plus proche. Là
même, un vieux prêtre, qui avait peine à suivre,
est violemment arraché au triste cortége, tué par
une femme d'un coup de revolver et traîné jusqu'au lieu de l'exécution générale.

Déjà tout cet espace voisin que nous avons dé-
crit était occupé, envahi par les hommes armés,
les femmes et les enfants. On fait entrer les cinquante victimes, on les pousse brutalement dans
cet malheureuse salle de bal et on les accule péle-
mêle contre le grand mur du fond. Un instant
deux officiers couverts de galons veulent s'inter-
poser et gagner du temps ; mais violemment in-
terpellés, menacés eux-mêmes d'être fusillés avant
tous les autres, ils n'échappent à la mort que par
la fuite.

Alors, vers six heures du soir, il se passa dans
la Cité-Vincennes, une dernière scène absolument

indescriptible, non pas une exécution, mais une tuerie. On ne fusillait pas, on massacrait, et les odieuses femmes en firent presque autant que les hommes. Ce fut, dit-on, une cantinière qui donna le signal du massacre, en faisant feu la première. Aussitôt les armes furent déchargées les unes après les autres ; il y eut ensuite un semblant de feu de peloton, mais mal nourri. Les femmes, montées en foule sur le mur d'enceinte, acclamaient les meurtriers et insultaient aux victimes. Sans pouvoir rien distinguer, on entendait tout à la fois les détonations multipliées des révolvers dominant le pétillement des chassepots, les vociférations des bourreaux et les gémissements des victimes. Le grand tumulte dura environ un quart d'heure ; vers sept heures tout était fini. Assez longtemps on s'acharne même sur les morts, qui restèrent ainsi étendus sur le sol jusqu'au lendemain. Ce fut le samedi qu'on les précipita à tout hasard dans l'ignoble caveau.

Oh ! notre Père, qui êtes dans les cieux, *pardonnez-leur, car ils ne savent ce qu'ils font !*

Peu de jours après, nous visitions ce théâtre d'un grand crime, redevenu silencieux et désert ; nous contemplions d'un œil morne ce sol témoin muet de tant d'agonies, ce grand mur du fond criblé de balles et tacheté de sang, et cet horrible trou béant au milieu ! Mais aussitôt, corri-

çant l'impression de la nature et relevant nos
pensées par la foi : le supplice, nous disions-nous,
n'a été qu'un martyre, et déjà l'expiation a cou-
vert le crime.

Frères bien-aimés, nous avons pleuré sur vous
tant que vous n'aviez pas fini de combattre ; nous
ne pleurons plus depuis que vous avez commencé
à triompher; et sur ce sépulcre étrange, et pourtant glorieux, où vous avez reposé trois jours,
nous déposerons une palme en souvenir autant
qu'en espérance.

ÉPILOGUE.

La Commune se réservait une nouvelle et dernière hécatombe pour la journée du 27 mai; samedi, veille de la Pentecôte, enfin on devait vider la prison. Mais le sang innocent avait déjà coulé deux fois, et comme le P. Olivaint l'avait annoncé, presque aussitôt il se fit une éclaircie dans le ciel et un apaisement sur la terre. Le samedi 27, la victoire était décidée, et le dimanche 28, fête de la Pentecôte, elle fut consommée. Il n'y avait plus de Commune; Paris se voyait rendu à lui-même et à la France. Il est vrai, quatre victimes encore, et dans le nombre Mgr Surat, premier vicaire-général du diocèse, trop tôt sorti dans la soirée du 27, tombèrent sous les murs mêmes de la Roquette. Mais le lendemain matin, la division du général Bruat s'emparait de la position; les portes s'ouvrent et cent soixante-neuf otages retrouvent la liberté et la vie.

Après avoir sauvé les survivants, on s'occupa de retrouver les morts.

Nos troupes, déjà maîtresses de la Roquette, venaient à peine d'occuper le cimetière du Père-Lachaise ; des coups de feu isolés partaient encore çà et là, et déjà, vers huit heures du matin, une fouille était dirigée dans la tranchée ouverte à l'angle sud-est, tout à fait contre le mur d'enceinte. On ne tarda pas à découvrir, sous un mètre cinquante de terre détrempée par les pluies récentes, les corps des six victimes, rangés en travers, trois à trois, pied contre pied, et à moitié superposés les uns aux autres, pour ménager la place dans la fosse commune ; d'un côté Mgr l'archevêque, le P. Ducoudray et le P. Clerc ; de l'outre, vis-à-vis, M. Bonjean, M. Deguerry et M. Allard. Les vêtements, souillés d'une boue sanglante, avaient été lacérés ; les corps, quoique très-maltraités, restaient encore parfaitement reconnaissables. On les mit aussitôt dans des cercueils provisoires : M. Bonjean et M. Allard furent laissés dans la chapelle même du cimetière ; et sous une escorte d'honneur et de sûreté, Mgr l'archevêque et M. Deguerry furent transportés à l'archevêché rue de Grenelle, et les PP. Ducoudray et Clerc à notre maison de la rue de Sèvres.

La reconnaissance à Belleville fut bien plus laborieuse. Dès le dimanche, un vicaire de Belleville, M. l'abbé Raymond, accompagné du président de la fabrique de la paroisse, M. Chételat, s'était porté à la rue Haxo. Averti par la rumeur publique qu'on y avait massacré des otages, il eut assez de peine à découvrir l'endroit où reposaient leurs corps. Mais bientôt il arriva à l'entrée de la fosse, fermée par un petit volet. Les exhalaisons cadavériques qui en sortaient, ne laissèrent plus de doutes à M. Raymond ; la planche une fois soulevée, les corps apparurent. A sa prière, le commandant d'un poste voisin fit placer une sentinelle pour garder les restes précieux qui venaient d'être découverts. Avant de procéder à l'exhumation, il fallait se munir d'autorisations ; on remit au lendemain à terminer la triste cérémonie.

Le lundi vers midi, M. l'abbé Raymond retourna sur le lieu du massacre ; il y trouva deux de nos Pères, le P. Bazin, sauvé la veille de la Roquette, et le P. Foulongne ; M. Lauras, chef au contentieux de la compagnie du chemin de fer d'Orléans, et M. le docteur Henri Colombel, l'un beau-frère et l'autre ami du P. Caubert.

Vers quatre heures, tous les préparatifs étaient terminés. Il arriva en ce moment quelques officiers des volontaires de la Seine, dont le courage fut du plus grand secours. Il s'agissait maintenant d'extraire et de reconnaître l'une après l'autre les cinquante victimes amoncelées dans l'horrible fosse. Une nouvelle ouverture est pratiquée dans la voûte ; on y introduit une échelle qui porte sur le sol, et l'intrépide docteur Colombel, le lieutenant Valin et ses braves camarades pénètrent et travaillent dans ce gouffre de mort, où il y a déjà une fermentation de trois jours et de trois nuits. Voilà donc tous ces corps rangés à terre et rendus au jour, mais si défigurés par le supplice qu'à peine conservent-ils encore une forme humaine, et ce n'est qu'à l'aide des vêtements ou de quelque autre signe accessoire qu'on peut constater l'iden tité des personnes. C'est ainsi seulement qu'on put reconnaître les PP. Olivaint, Caubert et de Bengy, et le lundi 29 mai, entre neuf et dix heures du soir, trois nouveaux cercueils furent amenés à la rue de Sèvres ; les deux autres les y attendaient dans la chapelle dédiée aux Saints Martyrs.

Le jour même, je revenais à Paris. C'était la veille seulement, 28 mai, vers le milieu du jour, que nous arrivait par dépêche à Versailles la nouvelle de la double catastrophe du 24 et du 26 Le P. Bazin, sortant de la Roquette, vint bientôt la confirmer. Nous demandons immédiatement et nous obtenons la permission de rentrer à Paris pour affaire urgente. A travers les ruines encore fumantes, nous courons à la rue de Sèvres. Le P. Lefebvre, fidèle gardien, tenait encore le guichet de la maison abandonnée. Presque aussitôt et comme par enchantement, les Frères séparés et dispersés se rallient sous le toit commun, avec une douce joie, mêlée d'une amère tristesse. Que de vides et quels vides parmi nous !

La journée du lendemain fut tout entière consacrée à divers préparatifs.

Enfin, le mercredi 31 mai, eut lieu la suprême cérémonie, avec la solennité que comportaient la simplicité de nos usages et le malheur des temps.

Au moins l'église du Jésus, fermée, comme tant
d'autres, depuis près de deux mois, se rouvrit-
elle sous les auspices du martyre. Elle se remplit
aussi, et beaucoup de larmes attestèrent que les
victimes avaient beaucoup d'amis. Quatre cercueils étaient rangés sur des estrades dans la partie basse du chœur, recouverts d'un drap et portant chacun la couronne d'immortelles si bien
méritée ; le cinquième avait été introduit sous un
catafalque placé en avant dans la nef. Le vaste
chœur était rempli de prêtres et de religieux, qui
reparaissaient à la lumière comme au sortir des
catacombes, de députés venus exprès de Versailles
et d'officiers qui se disaient encore les enfants du
P. Olivaint et du P. Ducoudray. Après l'office
psalmodié, je montai au saint autel et durant
le saint sacrifice je réunis ces cinq noms :
Pierre, Léon, Jean, Alexis et Anatole, associés
ensemble par la mort et devenus inséparables dans
la vraie vie. Le vénérable M. Hamon, curé de
Saint-Sulpice, voulut bien, avant la cérémonie de
l'absoute, adresser à l'assistance une vive et pieuse
allocution. Mais le sang des martyrs ne parlait-il
pas bien haut lui-même ?

Un touchant épisode vint clore la douloureuse
cérémonie du Mont-Parnasse. Une grande foule
pieusement sympathique avait suivi le cortège
jusqu'au cimetière où les corps allaient être dépo-
sés au moins pour un temps ; tous les rites sacrés
étaient accomplis ; un jeune homme, un ancien
élève de Vaugirard, demande à parler au nom de

tous ses amis de collége. Certes, il en avait le
droit. M. Eugène de Germiny, aujourd'hui avocat
au barreau de Paris, avait dû être, s'il en eût été
besoin, l'avocat du P. Olivaint; et je ne sais lequel
aurait été plus glorieux pour celui-ci d'être défendu par un de ses fils, ou pour celui-là de
défendre son père. Mais on l'a vu, à la Conciergerie, il n'y eut pas même d'accusateur; à Mazas
il n'y eut pas même de juge; il n'y eut que des
bourreaux à la Roquette. Au lieu d'un plaidoyer,
M. Eugène de Germiny n'eut plus à prononcer
qu'une oraison funèbre. Il s'avança au bord du
caveau où cinq cercueils venaient de descendre, et
tout pâle, tremblant d'émotion, il adressa ces
adieux aux amis de son enfance :

MES RÉVÉRENDS PÈRES,

MESSIEURS,

« Peut-être vos larmes n'eussent-elles demandé
que le recueillement et le silence. Mais ces hommes
qui sont là, ces prêtres, ces compagnons de Jésus,
ce sont eux qui m'ont élevé. Les anciens élèves
des Jésuites ne me pardonneraient pas, si, en un
pareil moment, je taisais notre reconnaissance et
nos regrets; et pour moi, à l'instant où je vais me
séparer de mes anciens maîtres, je ne peux pas,
non, je ne peux pas m'en aller sans leur parler
encore une fois.

« Ah! Messieurs, ceux que vous pleurez ici, ce
sont des victimes de nos discordes civiles, des

religieux, des parents, des amis. Mais, nous !...
nous venons pleurer des hommes qui ont été tués
pour nous, à cause de nous.

« Ce qu'ils voulaient en effet, ces pauvres Pères,
le but qu'ils poursuivaient, c'était de former pour
la France une jeunesse chrétienne.

« Ils savaient que si, dans le cœur d'un enfant,
on trouve innés, pour ainsi dire, l'amour de la
famille et l'amour de la patrie, tout cela est bien
faible, bien capricieux, bien fragile, sans l'amour
de Dieu ; et alors, au matin de notre vie, ils nous
avaient reçus des mains de nos parents, pour fortifier ce qui n'était en nous que des instincts, par
des principes pour nous rendre capables un jour
de dévoûment, en nous apprenant la loi, sévère et
consolante à la fois, du sacrifice.

« Mais, en face de nos maîtres, au milieu des
déchirements de notre malheureux pays, des
hommes se sont rencontrés capables, eux, de tous
les crimes. Ces hommes se sont dit : « Pour que
« la société nous soit une proie facile, il nous faut
« une société sans Dieu. » Et se sentant les plus
forts, pendant quelques heures, ils ont tué ceux
qui préparaient à la France une race de chrétiens.

« Oui, c'est pour cela qu'ils sont venus chercher
de pauvres religieux dans leurs cellules, et qu'ils
les ont retenus prisonniers pendant six semaines.
Ils ne les traduisaient pas devant un tribunal
quelconque, car (l'un d'eux l'avait avoué) ils
n'auraient su de quoi les accuser ; seulement,
parfois ils les interrogeaient pour avoir occasion de

les insulter. — Mais jugez-les donc, leur disait-on encore, il n'y a que quelques jours, — Oh! non, répondaient-ils hypocritement, nous voulons auparavant laisser se calmer les passions populaires.

— Et puis, ils sont venus les saisir, pour fusiller les uns à la porte de la prison, pour massacrer les autres au loin, après les avoir exposés aux huées et aux insultes de la foule. A tous ils ont infligés de tels traitements, que, lorsqu'après avoir examiné les cinquante victimes, on retrouva les dépouilles des pauvres Pères, on put compter les coups de crosse qui leur avaient brisé le crâne, découvrir la place où la balle les avaient frappés, celle où les baïonnettes les avaient atteints; on vit toutes les traces de leur cruel martyre ; mais on put à peine reconnaître leurs traits.

« Ah ! vous comprenez bien, Messieurs, qu'en face de ces hommes qui ont souffert tout cela pour nous, nos gémissements aient le droit de se faire entendre, et que nous serions bien ingrats si nous pouvions les retenir.

« Adieu donc, ô vous qui nous avez élevés ! adieu ! vous qui avez été pour nous ce que les Apôtres étaient pour les premiers chrétiens. Ils s'en allaient répandant la bonne nouvelle et la bonne semence, quittant toutes les joies légitimes d'ici-bas, formant partout des générations de fidèles; puis, un jour, ceux-ci apprenaient que la dent des bêtes fauves avait déchiré l'homme de Dieu qui les avaient évangélisés, et l'acte sanglant de la foi des maîtres assurait la foi naissante dans

l'âme des disciples. Vous avez fait de même.
Pour mieux nous élever, pour mieux nous aimer,
vous vous étiez sevrés de toutes les affections du
monde. Vous ne vous réserviez même pas cette
joie du père de famille qui, à la fin de sa vie, se
console et se repose des soins que demanda l'éducation de ses enfants, en s'entourant de leur recon-
naissante tendresse ; car, quand vous aviez fait de
nous des hommes et des chrétiens, vous vous sé-
pariez de nous, nous donnant à cette société si
souvent ingrate envers vous. Et voici qu'aujour-
d'hui, par votre martyre, vous mettez le sceau à
notre éducation ; voici que nous sommes fortifiés
dans la foi par votre sang versé pour la foi, comme
es premiers chrétiens par le sang de leurs apôtres.

« Adieu ! ô vous que nous aurions tous voulu
sauver!

« O mon Père, vous qui avez été plus spéciale-
ment mon maître, vous qui dirigiez le collège de
Vaugirard, quand j'y étais élève, si vos bourreaux
avaient conservé quelque semblant de justice,
vous n'auriez pas comparu devant eux sans trouver parmi nous un défenseur.

« Et vous, qui avez élevé tant d'officiers chrétiens pour l'armée française (que tous les anciens
élèves des Jésuites me laissent être leur inter-
prète!), parmi ces soldats qui entraient dans
Paris, pour y rétablir l'ordre et la paix, il y en
avait qui furent vos enfants et qui, pensant à vous,
s'élançaient avec plus d'ardeur au-devant du danger, bravaient la mort, se hâtaient, dans l'espé-

rance d'arriver encore à temps pour vous sauver.
Hélas! Hélas! Désirs impuissants! notre dévouement n'a rien pu! Et pour nous résigner dans le
désespoir de nos cœurs déchirés, nous ne pouvons
que nous rappeler les derniers mots tracés par la
main d'un d'entre vous : « Que la volonté du
Seigneur soit bénie!

« Adieu! une dernière fois, adieu!

« Mais, que ce dernier mot ne soit pas trop
plein de tristesse. Vous nous avez appris à élever
nos âmes, à porter plus haut nos cœurs; et,
quand je cherche dans ce tombeau où vous êtes
descendus, quelque écho de ma voix, je vous entends me renvoyer la parole que je vous adresse,
oui, je vous entends me dire, à votre tour:
A Dieu! et je comprends que ce mot doit nous
consoler. Oui, vous êtes auprès de ce Dieu dont
vous avez entretenu notre enfance; c'est auprès
de ce Dieu que vous nous donnez rendez-vous,
lorsqu'à l'heure de notre jeunesse, nous venons
soulager notre douleur, en pleurant sur vos cercueils. Ah! ce souvenir nous restera; au déclin
de notre vie, nous en garderons encore la mémoire. Oui, toujours, nous nous souviendrons du
rendez-vous que vous nous donnez, où vous nous
attendez déjà, et je vous jure que nous y serons
fidèles!... Adieu. »

Maintenant, après les derniers devoirs rendus
et le dernier hommage de tous ces jeunes hommes,
que je puis encore et toujours nommer nos en-

fants, ne faudrait-il pas rapporter comme un témoignage de nos amis, ces lettres sans nombre,
venues non-seulement de toutes les parties de la
France, mais de tous les pays de l'Europe ? On
croit entendre un long cri de douleur. Je veux du
moins en citer une ; car il convient, après tout,
de laisser la parole au Père de toute la famille
religieuse ; il sait bien aussi pleurer ses fils qui
ne sont plus, et il peut seul, avec Dieu, consoler
ceux qui leur survivent. Je donne le texte latin et
la traduction.

« Romæ, 1 jun. 1871.

« REVERENDE ET CARISSIME PATER,

« *Pax Christi.*

« Accepi hodie litteras Reverentiæ Vestræ d.
28 maii, quæ timorem quem ultimo tempore in
corde habebamus, confirmarunt : Dominus dedit,
Dominus abstulit, sit nomen Domini benedictum !
Ex me ipso metiri possum quid tu sentias, carissime Pater. Omnes preces, omnia sacrificia
quæ poteram, ultimo tempore pro vobis vestrisque
rebus Deo offerebam. Verum non fuit voluntas
Dei, ut dilectissimos illos Patres nobis conser-
varet ; victimas habere voluit, quo Majestas sua
tot flagitiis irritata placaretur. Et nihil nobis su-
perest, nisi ut divinæ voluntati nos subjiciamus.
Pro salute Galliæ vitam suam dederunt ; nos
quidem in terris multum perdidisse videmur, sed
Deus, qui dives est in misericordia, aliis modis
retribuere potest, et pastor æternus pusillum gre-

gem suum non deseret. Oculos ergo et cor nostrum
elevemus ad Deum, qui propter illos ipsos, quos
ex Societate nostra in holocaustum poposcit,
nostri miserebitur. Audio etiam Patres nostros
egregium charitatis et devotionis exemplum usque
ad ultimum vitæ momentum dedisse, de quo mi-
sericordissimo Deo gratias agere debemus, et eo
majores gratias nobis sperare possumus. Unde,
carissime Pater, Dei judicia in humilitate ado-
remus et ejus providentiæ nos committamus.

« Ego quidem vestri semper memor sum in
orationibus, ut Deus omnia vestra bene disponat.
Video adhuc multas difficultates et gravia peri-
cula : sed in manu Domini sumus. Et qui habitat
in adjutorio Altissimi in protectione Dei cœli com-
morabitur.

« Dominus Reverentiæ Vestræ et sociis omnibus benedicat et me Sanctissimis Sacrificiis
commendo.

« Reverentiæ Vestræ servus in Christo,

« PETRUS BECKX, S. J. »

« Rome, le 1er juin 1871.

MON RÉVÉREND ET BIEN CHER PÈRE,

« *La paix de N.-S.*

« Je reçois aujourd'hui votre lettre du 28 mai,
qui confirme toutes nos craintes. *Le Seigneur
nous les avait donnés; le Seigneur nous les a
enlevés ; que le nom du Seigneur soit béni.* Je

puis assez comprendre par moi-même ce que vous ressentez, mon bien cher Père. Toutes les prières et tous les saints sacrifices dont je pouvais disposer, je les offrais pour vous à Dieu dans ces derniers temps. Mais sa volonté n'a pas été de nous conserver ces bien-aimés Pères; il lui a plu de les prendre pour victimes, afin d'apaiser sa divine Majesté irritée par tant de crimes, et il ne nous reste plus qu'à nous soumettre à ses adorables conseils. Ils ont donné leur vie pour le salut de la France. Nous paraissons, il est vrai, avoir beaucoup perdu sur la terre, mais Dieu, qui est riche en miséricorde, aura d'autres moyen de nous dédommager, et l'éternel Pasteur n'abandonnera pas son petit troupeau. Élevons donc vers Dieu nos yeux et nos cœurs; grâce à ces digne enfants de la Compagnie qu'il nous a demandé en holocauste, il aura pitié de nous. Je sais encore que nos Pères ont donné jusqu'au dernier moment de leur vie de grands exemples d'amour de Dieu et du prochain ; nous devons en remercier l'infinie bonté de Notre Seigneur, et pour nous c'est un titre de plus pour espérer de nouvelles grâces. Ainsi donc, mon bien cher Père, adorons humblement les jugements de Dieu et confions-nous à sa Providence.

« Quant à moi, je me souviens sans cesse de vous dans mes prières, afin que Dieu dispose bien tout ce qui vous intéresse. Je vois encore de nombreuses difficultés et de grands dangers ; mais nous sommes dans la main du Seigneur. *Et celui*

*qui habite dans le secours du Très-Haut de-
meurera sous la protection du Dieu du ciel.*

« Que Notre-Seigneur vous bénisse et tous vos
compagnons. Je me recommande à vos saints sacrifices.

« De votre Révérence,

« Le serviteur en Jésus-Christ,

« PIERRE BCKX, S. J. »

Cette lettre est de la main du Très-Révérend
Père général de la Compagnie et toute du cœur de
saint Ignace lui-même.

Pour moi, après avoir recueilli, avec un fraternel amour, les actes et comme les reliques de
mes frères immolés, je ne sais plus que rappeler
leur sainte et noble devise : *Ibant gaudentes !*
Oh ! comme avec elle en effet on va vite et
comme on va haut ! Elle était vraie déjà au commencement, sur leurs lèvres ; combien plus, à la
fin, ne l'est-elle pas dans leur cœur ! Alors elle
présageait le martyre, et maintenant elle le couronne. Oui, en vérité, si forte est la charité de
Jésus-Christ, si douce l'espérance du ciel, qu'ils
allaient, heureux de souffrir et de mourir pour
l'amour de Jésus, *ibant gaudentes, quoniam digni habiti sunt pro nomine Jesu contumeliam
pati* ; mais j'ose le penser et l'écrire, ils sont revenus bien plus heureux de n'avoir plus qu'à
jouir encore, et toujours, de la gloire de Jésus.

Frères, vous n'êtes plus en ce monde, mais

nous y sommes encore, et nous sommes tous de la Compagnie de Jésus. Nous nous aimions beaucoup; aimons-nous à jamais les uns les autres. Nous vous félicitons de votre victoire, assistez-nous dans nos combats. Nous aussi nous ferons de votre devise la nôtre : *Ibant gaudentes !* Nous vous suivrons pour vous rejoindre, et avec l'allégresse de l'espérance et de l'amour, par le Calvaire nous irons au ciel, où vous nous attendez.

APPENDICE.

Ce n'était pas, je l'avoue, sans un certain regret de la part de leurs frères, que les victimes avaient été ensevelies dans le caveau commun au cimetière du Mont-Parnasse. Il semblait que quelque dérogation à la coutume eût pu être faite en faveur des précieuses dépouilles de ceux qui avaient souffert généreusement la mort pour Notre-Seigneur. Dès le moment où elles furent déposées à la rue de Sèvres, on avait pensé que leur place était dans notre chapelle. Diverses considérations empêchèrent de donner suite à ce projet, du moins à cette époque ; mais on s'était promis de ne pas l'abandonner. En effet, de nombreuses et pressantes démarches furent faites auprès de ceux qui seuls pouvaient autoriser l'exhumation des cadavres et leur translation dans notre église. Pleine de bienveillance et de sympathie, l'autorité supérieure crut devoir, dans les circonstances présentes, déférer à nos vœux et à ceux de nos amis.

La permission une fois accordée, on prépara dans notre église cinq caveaux juxta-posés. Où les creuser ? La place paraissait indiquée dans la chapelle qui se trouve la première à droite en entrant. Dédiée aux saints martyrs du Japon et aux autres martyrs de la Compagnie, cette chapelle revendiquait ce précieux dépôt. C'est là que reposent nos frères, dans l'attente de la résurrection glorieuse. Des dalles de marbre blanc recouvrent l'entrée des caveaux, et sur ces dalles des inscriptions marquent la place qu'occupe chacune des victimes. Elles sont conçues dans les termes suivants :

DVM SVB ALTARI DEI PONVNTVR

REQVIESCVNT HOC LOCO OSSA

PETRI OLIVAINT PARISII

PRESBYTERI SOCIETATIS IESV

HVIC DOMVI PRAEFECTI

VIXIT ANNOS LV MENSES III DIES IV

PRO PIETATE MORTEM OPPETIIT

VII KAL. IVN. A. D. MDCCCLXXI

HOC LOCO DEPOSITA SVNT

OSSA ET RELIQVIAE

IOANNIS CAVBERT

PRESBYTERI SOCIETATIS IESV

NATVS PARISIIS XIII KAL. AVG. A. D. MDCCCXI

ODIO PIETATIS OCCISVS EST

VII KAL. IVN. A. D. MDCCCLXXI

8.

HIC IACET IN PACE ☧

ALEXIVS CLERC

DOMO PARISIIS

PRESBYTER SOCIETATIS IESV

NATVS ANNOS LI MENSES V DIES XIII

LIBENS FVSO SANGVINE FIDEM SIGNAVIT

IX. KAL. IVN. A. D. MDCCCLXXI

LOCVS LEONIS DVCOVDRAY

PRESBYTERI SOCIETATIS IESV

ET RECTORIS SCHOLAE GENOVÉFIANAE

NATVS LAVALII PRID. NON. MAIAS A. D. MDCCCXXVII

VITAM SANCTAM SANCTIORE MORTE CORONAVIT

ODIO ☧ NOMINIS IMPIE TRVCIDATVS

IX KAL. IVN. A. D. MDCCCLXXI

LOCVS SEPVLTVRAE

ANATOLII DE BENGY

ORTV BITVRIGIS

PRESBYTERI SOCIETATIS IESV

QUI QUAM MORTEM IN MILITVM CURA

A PATRIAE HOSTIBVS NON METVIT

A RELIGIONIS HOSTIBVS FORTITER ACCEPIT

VII KAL. IVNII A. D. MDCCCLXXI

ANNOS NATUS XLVI MENSES VIII DIES VII

Par une autre faveur de l'administration, notre maison de la rue de Sèvres s'enrichit d'un nou-

veau trésor. Les prisonniers de Mazas n'avaient-
ils pas, en quelque sorte, sanctifié tous les objets
qui avaient été à leur usage pendant leur captivité ? Dans tous les cas, c'étaient de précieuses
reliques, dont la possession nous tenait à cœur.
Nos vœux furent encore une fois exaucés et les
hamacs, les tables, les tabourets, les bidons, dont
s'étaient servis nos frères, sont devenus notre
propriété.

La chapelle des martyrs Japonais n'a pas tardé
à attirer le pieux concours des fidèles, jaloux de
venir implorer ceux qui ont été leurs directeurs
dans les voies du salut, leurs consolateurs dans
les épreuves de la vie. Il n'est pas temps encore
de parler des grâces singulières que plusieurs de
ces âmes reconnaissent devoir à ceux qu'ils ont
implorés. Enfants soumis de l'Église, nous savons
qu'elle seule a autorité pour juger de ces faits ;
mais nous ne pouvons passer sous silence un
événement, qui, s'il n'est pas dû à une interces-
sion particulière d'un de nos frères, n'en est pas
moins consolant ; d'ailleurs il touche de près à
notre récit. Les détails suivants rectifieront ce
qu'il y a eu de peu exact dans ceux qu'on a pu
donner dans diverses publications.

On sait qu'un des membres de la Commune,
Vermorel, après avoir été blessé sur une barricade, fut transporté à Versailles, où il ne tarda
pas à succomber. Moins fanatique que ses col-
lègues, il s'était montré plus accessible aux de-
mandes qui lui furent adressées au sujet des

prisonniers. Ce fut à lui que le P. Ducoudray dut
de recevoir les visites dont nous avons parlé. Ce
bienfait ne fut pas perdu.

Quand la gravité de l'état du blessé fut connue,
un Père de notre Résidence de Versailles accueil-
lit avec joie la mission de tenter auprès de l'infortuné Vermorel un suprême effort. Un de ses
compagnons n'avait pas réussi complètement dans
une première visite.

Le 9 juin le P. Henri de Régnon se présentait
à l'hôpital militaire. « J'ai été introduit, raconte-
t-il, dans une cellule gardée, à l'extérieur, par
plusieurs factionnaires ; à l'intérieur quatre gendarmes étaient de service et un maréchal-des-
logis se tenait près du lit. Dans le lit en face était
couché un membre de la Commune blessé, le
nommé Courtain ; près du lit de Vermorel, un
autre blessé. Je suis entré seul.

« Vermorel succombait par suite d'une conges-
tion pulmonaire ; il n'avait pas de délire, comme
on l'a dit à tort. Je lui ai dit que j'étais Jésuite ;
je lui ai parlé du collège de Mongré ; je lui ai
rappelé un souvenir d'enfance ; j'ai nommé
quelques Pères qu'il avait connus. Il a été sen-
sible à la preuve d'intérêt que je lui donnais. Je
lui ai dit mon nom et donné ma carte. Il m'a
assuré qu'il ne se confesserait qu'à un membre de
la Compagnie, et, soit qu'il se fît illusion sur la
gravité de sa situation, soit qu'il prétendît en
rester là, il me promit de me revoir, quand il
serait guéri et libre. Alors je lui ai représenté qu'il

allait mourir et que c'était un bonheur pour lui
d'avoir à son chevet un ami prêtre. Il se révolta
d'abord contre ce qu'il appelait une charade d'in-
timidation ; il se plaignit ensuite de ce qu'on le
regardait comme un réprouvé : « Vous, du moins,
ajouta-t-il, vous ne me tenez pas ce langage ! »

« Après une heure d'entretien, je lui ai fait
accepter une médaille que je portais à mon cou,
et je l'ai quitté, en lui promettant de faire prier
pour lui les enfants que je préparais à la première
communion, dans une paroisse de la ville. Je l'ai
embrassé et son irritation s'est calmée.

« A l'exercice suivant de la retraite que je
donnais à la cathédrale, j'ai fait prier les enfants
pour un mourant que je visitais et je suis retourné
auprès de Vermorel Sa mère était près de lui
avec quelques sœurs de Saint-Vincent de Paul.
Le mal faisant de rapides progrès je congédiai ces
dernières. Ma première visite ayant suffisamment
préparé un entretien sérieux, j'ai voulu profiter
des instants qui me semblaient comptés. Je mon-
trais à Vermorel la folie qu'il y aurait à s'obstiner
à poser pour la galerie, qui du reste ne s'occupait
pas de lui. Il a résisté quelque temps, puis tout
à coup il m'a attiré à lui et m'a dit, avec un
grand calme, en tenant ma tête près de la sienne:
« Eh bien ! mon père, je vous confie entièrement
le salut de mon âme ; traitez-la comme vous trai-
teriez la vôtre. »

« Combien a duré l'entretien qui a suivi, je ne
pourrais le dire. Nous parlions tout haut, les

gendarmes entouraient son lit. Je n'avais aucun
ordre de la Prévôté, par conséquent je ne pouvais
les faire éloigner. Ce qui a semblé toucher le plus
Vermorel, c'est ce que je lui ai dit de ma reconnaissance pour les efforts qu'il avait faits pour
empêcher le pillage du collége de Vaugirard et
pour adoucir la captivité de nos Pères.

« Puis, j'ai ajouté : « Le P. Ducoudray a prié
pour vous dans sa prison, il l'a dit, et il prie
pour vous encore ; c'est à lui que j'attribue la
grâce d'avoir pu pénétrer jusqu'à vous. Nos
chers morts doivent être heureux de voir, en ce
moment, près de vous un de leurs frères en religion.» A ces paroles il me répondit en pleurant :
« Oh! oui, j'aurais bien voulu les sauver ; mais
cela n'empêche pas qu'ils ont été assassinés !...»

« Pendant le cours de cette visite, je fis faire
au malade plusieurs actes de contrition qu'il ré-
pétait après moi, en me tenant les mains et en
baisant un petit crucifix que je lui avais apporté.
Je lui ai donné l'absolution à deux reprises.
Quand je l'ai quitté, il était calme et me remerciait avec effusion. Nous nous sommes encore
embrassés.

« Le soir, vers sept heures, ses dispositions
étaient encore les mêmes ; il n'avait pas cessé de
baiser ses médailles et son crucifix. Il parlait
difficilement. Je lui renouvelai l'absolution.

« Le lendemain matin, quand je suis revenu,
j'appris qu'il était mort un peu avant minuit. »

FIN.

TABLE DES MATIERES

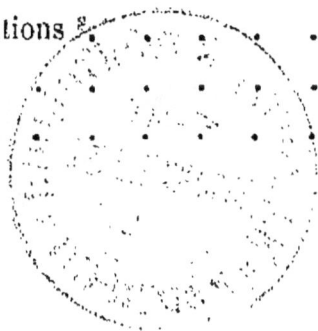

1343. — Abbeville, imp. Briez, C. Paillart et Retaux.

ŒUVRE SAINT-MICHEL

L'Œuvre de Saint-Michel, fondée par le R. P. Félix pour la publication et la propagation des bons livres à bon marché, *fait à tous ses* CORRESPONDANTS *une remise de faveur sur toutes ses publications.*

Pour jouir de cette remise il faut :

1° Etre inscrit comme correspondant sur les registres de l'œuvre ;

2° Acheter au moins un exemplaire de chacune des nouveautés de l'œuvre.

PUBLICATIONS NOUVELLES

Kiang-nan en 1869 (le), relation historique et descriptive, par les missionnaires de la compagnie de Jésus en Chine. 1 vol. in-12,   2 fr. 50

Massacres de Septembre (les), par M. MORTIMER-TERNAUX, 1 vol. in 12.   2 fr. 50.
Ouvrage plein d'actualité.

Pélerinage au pays du Cid (un), par M. OZANAM, 1 vol. in-12. Prix.   1 fr.

Pélerinage d'Assise, par M Edmond LAFOND. 1 vol. in 12.   2 fr.

Rameur de galères (le), épisode de la vie de saint Vincent de Paul, par Raoul DE NAVERY. 1 vol. in-12.   1 fr. 50.
Charmants et intéressants récits.

Vies des chrétiens illustres, par M. MARTY, ancien recteur d'académie, 5e édition. 1 vol. in-12   2 fr.
Lecture des plus attrayantes et véritable modèle d'hagiographie populaire.

Vies des saintes et des bienheureuses, pour tous les jours de l'année, par Collin DE PLANCY, 2 vol. in 12. 5 fr.

S'adresser pour les commandes *directes* à M. TÉQUI, bibliothécaire de l'Œuvre, rue de Mézières, 6.

1343. — Imp. Briez, C. Paillart et Retaux.

www.ingramcontent.com/pod-product-compliance
Lightning Source LLC
Chambersburg PA
CBHW072108090426
42739CB00012B/2886